第二次世界大战
欧洲战场

西风 编著

中国市场出版社
China Market Press

图书在版编目（CIP）数据

第二次世界大战欧洲战场 /西风编著. —北京：中国市场出版社，2014.3

ISBN 978-7-5092-1201-1

Ⅰ.①第… Ⅱ.①西… Ⅲ.①第二次世界大战战役–史料–欧洲 Ⅳ.①E195.2

中国版本图书馆CIP数据核字（2014）第002246号

出版发行	中国市场出版社				
社　　址	北京月坛北小街2号院3号楼		**邮政编码**	100837	
电　　话	编 辑 部（010）68034190		读者服务部（010）68022950		
	发 行 部（010）68021338	68020340	68053489		
	68024335	68033577	68033539		
	总 编 室（010）68020336				
	盗版举报（010）68020336				
邮　　箱	1252625925@qq.com				
经　　销	新华书店				
印　　刷	北京荣泰印刷有限公司				
规　　格	240 mm×225 mm　12开本		**版　　次**	2014年3月第 1 版	
印　　张	15		**印　　次**	2014年3月第 1 次印刷	
字　　数	280千字		**定　　价**	58.00元	

目录
CONTENTS

第一章　通向战争之路

第一次世界大战结束后，希特勒被德国陆军雇佣，成为一名间谍。他的任务是掌握并汇报慕尼黑右翼国家主义党派的情况。政治工人集团当时只是一个很小的党派，后来改名为德国工人党，于1919年1月召开了党的第一次会议。同年晚些时候，希特勒加入了该党。1923年慕尼黑政变失败后，纳粹党经历了一段平静期，于20世纪20年代中期开始重新崛起。1930年，纳粹党在魏玛共和国国民议会中占据了100多个席位，并在中产阶级及受经济萧条打击严重的北方新教徒中间赢得了强有力的支持。1932年，经过两场激烈而残酷的选举，纳粹党成了议会中最大的党派，但是并没有占据绝大多数。随后，右翼联盟邀请纳粹分子进入政府，而希特勒则以其担任总理职位作为条件。政治家们自信能够控制这位纳粹领导人，并最终接受了希特勒的条件。就这样，1933年1月30日，希特勒出任德国总理。

1934年6月，希特勒决定对恩斯特·罗姆采取行动。罗姆是冲锋队的领袖，也是希特勒在纳粹党领导层的主要竞争对手。罗姆要求解散陆军，并将其吸收到冲锋队之中，这一要求冒犯了陆军的将军们。此外，冲锋队还激怒了另外两个希特勒需要的组织：冲锋队采取的激进政策得罪了希特勒的保守派支持者；罗姆实力的日益增强令其纳粹党党内的竞争对手，如戈林、戈培尔、希莱姆等人，感到惶恐不安。

←希特勒在纳粹著名的纽伦堡集会上演说。每年举行的集会是纳粹政治生活中的焦点。纳粹党的忠实追随者和普通德国人每年云集纽伦堡，以聆听他们元首精彩而狂热的演讲。

↓战斗中的索米m/1931冲锋枪。它的弹匣能装71发子弹。和其他冲锋枪不同的是，它的枪管较长。

1934年6月30日夜，希特勒向盖世太保和党卫队下达了清洗令，这些部队一直由陆军提供武器和后勤支援。从罗姆开始，党卫队分队开始在全国范围内逮捕或谋杀冲锋队领袖。罗姆是由希特勒亲自带领党卫队保镖逮捕的，许多私人之间的恩怨也在这次清洗中得到了解决。死于这次清洗的人数高达1000余人，其中，70～80位的冲锋队高级指挥官被处死或"因拒捕而被枪毙"。

1934年8月，兴登堡总统去世后，希特勒宣布自己担任德国总理兼元首。他下令组建德国空军（这是《凡尔赛条约》明文禁止的），快速扩充

↓这名下士使用的MP40冲锋枪，除了制作更加简单之外，它和MP38冲锋枪几乎一模一样。

1889年，希特勒出生于奥地利的布劳一个下层农民家庭。据说他在学校里是一个自大而懒惰的孩子，不愿遵守传统和习俗。具有讽刺性的是，他在单身汉公寓生活并做了几年临时工后，是第一次世界大战期间的军旅生活给了他最重要的组织经验。

希特勒热爱战争，他因为勇敢而获得了两枚铁十字勋章；在德国最终于1918年被协约国打败后，他把为自己国家的失败雪耻当作一生的使命。

这以后，他成了一个政客，他把高深莫测的民族主义理论、对民主的诉求和对犹太人的仇恨、冒牌儿的共产主义和社会主义理论混杂在一起。而在当时，第一次世界大战德国战败后屈辱的《凡尔赛条约》、经济萧条最后导致危机等问题使得大批德国人失业，穷困潦倒。人们对新的民主政府能解决国家的问题没有信心。

德国的政治生态因此迅速地走向激进暴力，希特勒的纳粹党对很多人来说是唯一的能挑战强大有力的共产党的政治组织。社会和政治的变化使希特勒迅速崛起，他的那些看起来很疯狂的政治主张，现在也有了大众的意识形态基础。在纳粹党成为德国政治生活中的唯一大党后，1933年1月30日，兴登堡总统任命希特勒做德国首相。兴登堡于1934年死去，从此希特勒利用一切机会打击那些阻碍他在德国实现独裁的反对派，并且开始在欧洲范围内扩大德国的霸权。

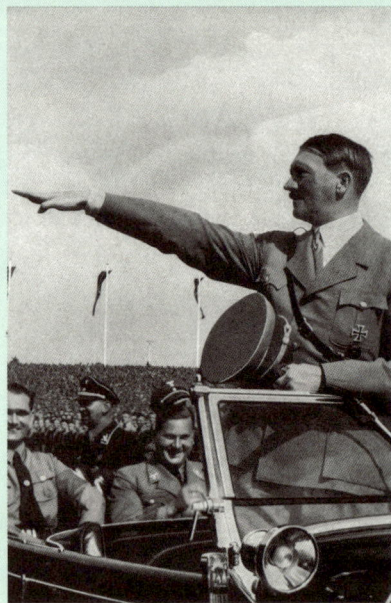

←1942年，德国士兵在摩拉维亚的布尔诺处决捷克平民。在德国占领时期，30多万捷克人死亡。但这一可怕的情境相对德国在入侵波兰和苏联后的作为又黯然失色，德国人在波兰和苏联屠杀了数以百万计的人。

↑一名德军士兵使用施泰尔-索洛图恩S1-100冲锋枪进行射击训练的姿势。

德国陆军和海军——这是希特勒赖以实现其野心的工具。此前，德国于1933年10月退出了国际联盟和裁军会议。1934年年初，德国陆军接到命令，要求将兵力秘密扩充到30万人，即当时的3倍。

1935年3月，希特勒指示戈林对外宣称德国拒绝接受《凡尔赛条约》，重新实施征兵制度。和平时期，德国陆军将由12个军36个师组成，这是一支大约50万人的力量。大规模扩充军队所需的武器装备由克虏伯等军火公司负责提供。

1938年3月12日，希特勒的军队越过奥地利边境进入维也纳，奥地利和德国重新合并组成大德

→这是一支最初生产的MP38冲锋枪。

→MP28冲锋枪是早期MP18冲锋枪的改进型，它保留了前者的外形，既可以单发射击又能连续自动射击。

↓纳粹党集会：一个展示力量并宣布重要立法的集会，包括1935年声名狼藉的《纽伦堡法案》。

意志帝国。

在苏台德地区，即与德国和奥地利接壤的捷克斯洛伐克西北部边境地区，居住着300万日耳曼人。波希米亚地区是通过奥地利与协约国之间签订的《圣–日耳曼—昂莱条约》划给捷克斯洛伐克

的，该地区矿产资源丰富，在比尔森市建有几家大型军工厂。当地的纳粹运动，即由康拉德·亨莱恩创立的苏台德日耳曼人祖国阵线（SdP），一直在向捷克斯洛伐克政府施加压力，试图将苏台德地区并入德国。1933年，规模达9500多人的SdP党被捷克斯洛伐克政府取缔，结果却是火上浇油，适得其反。1934年，亨莱恩举行了第一次大型集会，党徒达2万人；到1938年，党徒骤升至130万人。

1938年5月30日，希特勒放弃了1937年11月向英国做出的承诺，秘密下令动员德国国防军，准备摧毁捷克斯洛伐克。希特勒于当年2月已经拥有了德国最高的军事指挥权，国防军已经在其牢牢掌握之下。

1938年9月30日，张伯伦、达拉第、墨索里尼和希特勒在慕尼黑达成协议，一致决定把讲德语的苏台德地区割让给德意志帝国，满足希特勒所谓的"最后的领土扩张要求"。然而，到1939年3月中旬，这位英国首相却开始面对一个残酷的现实：德国军队从苏台德地区出发，首先攻占了布拉格，随后是整个波希米亚和摩拉维亚。希特勒在离开柏林前往布拉格享受胜利果实时，宣布"捷克斯洛伐克已不复存在"，而此时的张伯伦

↑1938年德军进入奥地利时受到了当地人的欢迎。吞并奥地利实现了希特勒几个最大的愿望之一。英法等国很奇怪地接受了这一事实，德奥合并完全打破了《凡尔赛条约》的限制。

→1929年，纳粹冲锋队的队员们正在柏林大街上游行。走在队伍前面的就是著名的纳粹分子霍斯特·威塞尔，后来死于一次争斗中。威塞尔创作了一首歌曲，名字叫作《纳粹至上》（HORST-Wessel Leid，也译为《霍斯特·威塞尔之歌》或《前进歌》），这首歌后来成了纳粹党的党歌。

ARBEITER

WÄHLT DEN FRONTSOLDATEN
HITLER!

↑一张纳粹的宣传海报，鼓励德国的年轻人为了祖国参军。

则在悲痛地抱怨希特勒的言而无信。

随后，德国和意大利宣布签订《钢铁盟约》。1939年8月，在温斯顿·丘吉尔的推动下，英国派出代表团前往莫斯科，探索与苏联结成军事同盟的可能性。苏联是唯一可能拥有可与希特勒相匹敌的大规模陆军的国家。然而，就在英国代表团还没有离开苏联的时候，苏德宣布签订了令世界震惊的《苏德互不侵犯条约》。

在德国已经完全占领捷克斯洛伐克后，又一个小国——波兰，处于纳粹的威胁之下，张伯伦甚至没有任何的选择余地，只能是继续他那失败了的绥靖政策。

1939年3月31日，英国和法国向波兰保证，一旦纳粹向波兰发动进攻，他们就会援助波兰，但他们的保证没有什么可信的了。德国在《慕尼黑协定》之后多次撕毁承诺，就是因为希特勒没有

→ 施泰尔–索洛图恩S1-100冲锋枪是20世纪20年代和30年代间奥地利以德国生产的MP18冲锋枪为基础研制的武器。

↓ 1936—1939年，希特勒几乎使第三帝国的疆域翻了一番。在没有遇到任何反对的情况下，他的军队先后开进了萨尔区、莱茵兰、奥地利、苏台德区和捷克斯洛伐克。直到1939年9月希特勒入侵波兰，英国和法国才最终对德国宣战。

希特勒吞并地区

希特勒吞并地区
1936 — 1939 年

- 1919 年后的德国
- 1939 年 3 月进入莱茵兰非军事区的部队
- 1938 年 3 月德奥合并
- 1938 年 10 月占领苏台德地区
- 捷克斯洛伐克原始边界
- 1939 年 3 月前捷克斯洛伐克占领地区
- 1938 年 10 月波兰境内摩拉维亚地区
- 1939 年 3 月德国占领的默默尔领地
- 1938 年 11 月受匈牙利保护的斯洛伐克地区
- 1939 年 3 月匈牙利占领的捷克地区

→英国海滨的轻松假日，这
是战争前最后一个夏天的宁
静与和平了。1939年的夏天
极为炎热，酷热让人们把发
生在"遥远的我们一无所知
的国家"的事件忘诸脑后。

↑1938年希特勒(左)和张伯伦(最右)在慕尼黑：德国独裁者完全占了上风。

理由相信英国和法国会比他的毁约之举还能做得更认真些。

1939年，希特勒的注意力转向了波兰和东欧国家。同时，英国和法国加强了各自的迟到的战争准备，现在看来，战争已是不可避免了。渐渐地，英法两国公众也知道了脆弱的和平再过几个月的时间就要被打破了。

↓捷克斯洛伐克的ZK383冲锋枪，后来德国生产了大量ZK383冲锋枪供纳粹党卫队使用。

→战争爆发前，旅居伦敦的
德国人和奥地利人在惊慌地
排队等候安全回国。

↑德军担负后方安全保卫任务的
部队使用的MP28冲锋枪。

西班牙战争

在第二次世界大战于1939年9月3日爆发前，欧洲已经发生一系列可怕的事件。

1936年7月19日，西班牙爆发了内战。左翼共和国政府被佛朗哥将军领导的民族主义的军队推翻，在这场内战中，德国站在佛朗哥一边，德国空军轰炸平民目标，为后来的空战做预演。

1937年4月26日，格尔尼卡城的巴斯克人在集市日遭到了德国"秃鹰"军团的空袭。在一个多小时的时间里，18架飞机对无助的平民进行了大肆轰炸。整个城镇火焰冲天。尽管民族主义者们否定，并声称格尔尼卡是被共和国军的地面部队摧毁的，但世界舆论并不相信他们的说法。格尔尼卡成了民族主义者残暴的牺牲品，意大利和德国的空军在西班牙检验他们军队的战斗力。颇具讽刺意味的是，西班牙内战更增加了普通平民对欧洲发生战争的恐惧。在德意两国干涉西班牙内战时，英国和法国再一次向后退缩，无所作为，这鼓励了希特勒和墨索里尼，他们以为自己未来的扩充军备和征服计划不会再遇到任何抵抗了。

↑声名狼藉的"秃鹰"军团，他们曾轰炸毫无防备的西班牙平民。

↓MP40冲锋枪。MP38和MP40是最有效的武器，在某种程度上，它们是德国强击部队的象征。

↓M18冲锋枪。

←两名德军携带的MP40冲锋枪。

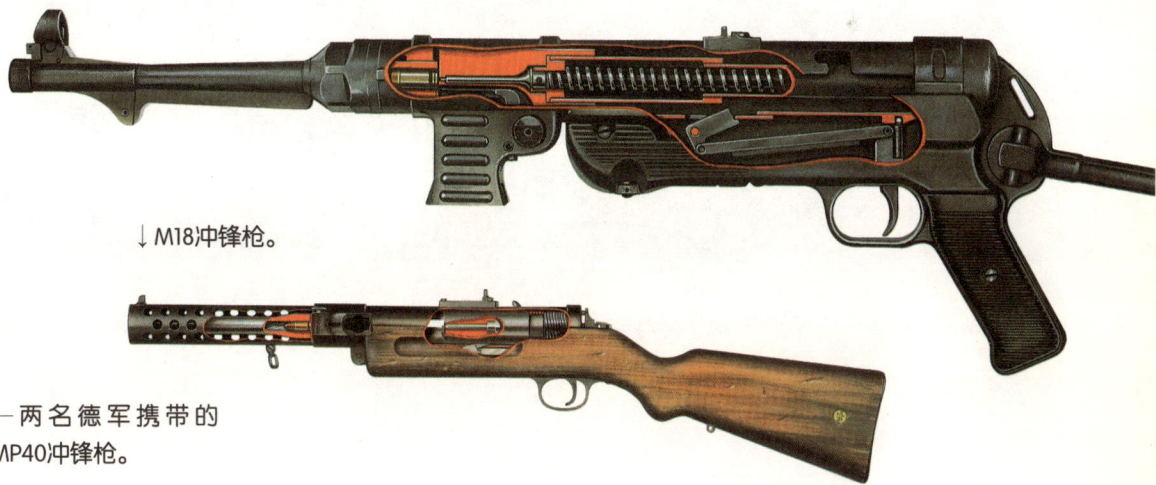

↑ 英法和苏联、德国和苏联的双边和多边的外交持续展开。德国外长约阿希姆·冯·里宾特洛甫还谨慎地和日本发展关系。

第二章 入侵波兰

1939年9月1日，黎明前，德国对波兰不宣而战，德军的飞机大炮坦克突袭波兰防线。德军要实现希特勒的梦想，把一度曾为德国港口的但泽和波兰走廊夺回来。

对德国人来说，一切都进行得都很完美。跟斯大林签订了苏德条约后，希特勒可以放心了，因为如果一切按计划进行的话，苏联是不会干涉的。而在英法帮助波兰前，德军就可以把波兰军队打垮。

在德国内部，希特勒最初开始这场大战之时，并没有得到广大群众的热情欢呼，而25年前，当威廉二世皇帝对世界开战时，群众可是热烈地欢呼的。但这一次，德国人除了跟着希特勒打仗以外，似乎别无选择；他们这样做时倒是感觉有些不安，甚至都有些不祥之感。很多人后来

回忆起当时的情形时说，德国士兵们在1939年开赴战场前线时，都显示出某种阴沉的情绪，好像还有些压抑。

在大炮轰开波兰防线时，坦克集群开始突击，而空军则是狂轰滥炸。这种突然的大规模袭击称之为"闪电战"。那是建立在快速突进的地

↓MP43步枪是为发射7.92毫米中等威力的短小型子弹而研制的。

←从图中可以看出战争末期东线德军高质量的军事装备。除了携带有革命性的斯图姆盖威尔步枪外（见图中左起第3名士兵），他们还装备了MG42机关枪和豹式坦克。

党卫军

党卫军最早的角色是精心挑选出来保卫希特勒的卫队，后来发展成为德国警察的核心力量，它的任务是打击帝国国内的敌人。不过，大战一经爆发，在海因里希·希姆莱的领导下，党卫军很快把行动范围扩大，即也要消灭在欧洲新占领区域里的德国民族社会主义运动的敌人。

希姆莱用各种手段推进纳粹的活动，无情地进行所谓种族纯洁计划。在德国国内对政治犯们进行了各类打击摧残后，党卫军们毫无顾忌地在任何地方推行纳粹意识形态。为了保证德国种族的未来，希姆莱的人肆意杀人。犹太人、共产主义者、基督徒、同性恋者以及反对建立德国帝国新秩序的人都在他们清除的名单上。

那些没有被党卫军直接杀死的人则被抓去做苦工，常常是劳累而死。但是希姆莱说："我对一万俄国妇女因为挖反坦克堑壕而疲劳倒地致死并不感兴趣，重要的是，德国有了反坦克堑壕。"

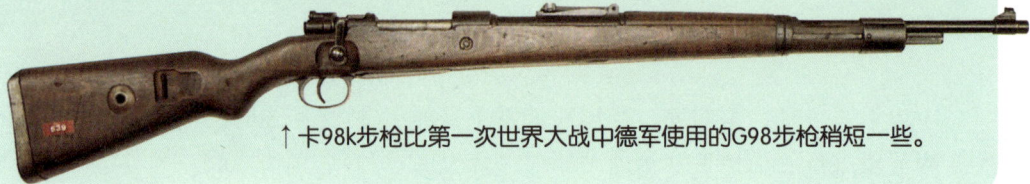

↑党卫军，从"血统纯粹"的德国人中间挑选出来的希特勒的黑色骑士们，他们的狂热盲从和献身精神制造了令人发指的暴行。

↑卡98k步枪比第一次世界大战中德军使用的G98步枪稍短一些。

↑最先使用MP43步枪的部队是纳粹党卫队。

面力量和最大量的炮火打击和空中绝对优势基础上的战争。

德国的空袭以前效果并不显著。不过西班牙的内战给了德国空军一个试验的机会，由此发展出一种新的致命的技术：俯冲式轰炸。

在这一时期，施图卡俯冲轰炸机显示出它是一种非常可怕的武器。在飞机到达目标的时候，飞行员们开始急剧俯冲，投掷炸弹后再拉杆向上，咆哮着冲向高空。这一场景看起来和听起来都极为恐怖。飞机从天上下冲的时候就像被折断了脖子往下掉一样，在向士兵和平民们投掷炸弹时，还伴随着可怕的极为刺耳的尖厉的鸣叫。

波兰人没有做出什么像样的抵抗，他们的空军没几天就被摧毁了。

在施图卡式俯冲轰炸机扩大战果时，德国的装甲部队也从北方、南方和西方冲进波兰。尽管德军只有六分之一的兵力由摩托化师和坦克师组成，但这种组合兵力配备和"闪电战"法如此先进，强大的机动性和突击能力，以及完善的装备等，使得战争场面和以前完全不同。

↓汉斯·古德里安将军，优秀的德国装甲部队的司令官，他的坦克战理论为纳粹在波兰实施"闪电战"的成功铺平了道路。

　　由机动性强的火炮支持的坦克部队、摩托化的步兵以及空军施图卡式俯冲轰炸机达成的空中优势使德军迅速越过波兰边境。他们对波军防线的薄弱环节狂轰滥炸，一旦突破，就迅速地向纵深发展。这种方式使得战争很快地在波兰领土的中心地带展开，他们以速度和重火力去切断并包围敌人，大量步兵部队则在后紧跟，推进极为顺利。

　　波兰人想在3500英里长的战线上防守德国，事实证明这是个很致命的战略错误。他们不是把部队集中到维斯杜拉河、纳雷夫河和桑河一带

建立坚固的防线，而是在波军总司令爱德华·雷兹斯米格元帅的指挥下，分散到德国和波兰边境地带，几乎构不成什么防守力量。在那里德国的"闪电战"很快就把防线冲垮，波兰军队被打得溃不成军，而德军则像是赛跑一样地直冲波兰首都华沙。

↑波兰首都的平民转向自卫。华沙保卫战极为壮烈，但最终失败了。面对德军最新的大规模"闪电战"和希特勒凶残的战争机器，波兰人根本无力应付。

↑德国伞兵用的FG42步枪。

载油量

该机用安装在机翼（上反角）内段的两个巨大的燃油箱来装载燃油。Ju 87R和其后的改型机还在机翼的外段引进了辅助油箱。

尾部机枪

作为给脆弱的Ju 87飞机提供的有限保护措施，一挺单管的MG 15 0.31英寸（7.92毫米）口径机枪被放在座舱后部一个可移动支架上，由无线电操作员负责瞄准射击。后来的改型机引入了火力更强大的毛瑟MG 81Z双管机枪。

起落架

非常坚固的主起落架被包覆在支柱上的巨大的裤腿状整流罩和机轮上的轮罩中。这样的布局替换了Ju 87A的支撑杆和裤腿状主起落架。在东线寒冷的冬天，很多Ju 87飞机把轮罩拆除了，因为泥巴会快速地黏附并堵塞机轮。

操纵面补偿（配重）

机翼下方一对巨大的配重块配平了每一个副翼。升降舵已经整流了质量平衡，造就了翼尖独特的表面，而方向舵在垂尾尖部由一个纤细的角平衡。两段式调整片被融合到升降舵中，而方向舵上有一片几乎在垂尾的全高度上起作用的调整片。

↑使用了托卡列夫步枪的气动操作系统的G41步枪。G43步枪安装了望远镜支架，可当作优秀的狙击步枪使用。

机翼

Ju 87飞机独特的倒海鸥形机翼是围绕着一个双梁（带有密集翼肋）结构来建造的。机翼的中央部分与机身做成了一个整体。倒海鸥形机翼被证明强度非常好，保证了短短的固定式起落架的长度；采用了容克经典的双翼安排。内表面（两段）作为襟翼使用，而外表面提供滚转控制。

动力装置

Ju 87B飞机的动力装置是一台容克的Jumo 211Da 12缸液冷发动机。这种发动机在起飞（2400转/分钟）时的功率为1200马力（900千瓦），在4920英尺（1500米）高度的功率为1100马力（825千瓦）。这种在早期Jumo 210A系列上发展起来的发动机，可以提供更大的功率，这使得飞机的载弹量更大。散热器被安装在发动机下方的一个"浴槽"中。紧挨着散热器后方的液压作动冷却鱼鳞板加大了在低速时流过发动机的气流。Ju 87B-1机型采用了简单的左侧排气，而Ju 87B-2飞机在气动整流罩的后面采用了喷射型短管。这些改动为飞机提供了一个虽然推力增加很少却很有用的推力值。Ju 87D飞机具有更大的推力，其安装的Jumo 211J-1发动机采用了一个诱导空气冷却器和一个增强的曲柄，使其额定功率达到了1410马力（1050千瓦）。

座舱

Ju 87飞机采用了双人制机组，但是B型机经常是以单座来飞行的。飞行员和无线电操作员/机炮手分别坐在独立的滑动座舱盖下部，后者面向后方。只在可能的地方提供防护装甲。

登机踏板

在后机身，紧挨着机翼后缘的后部，每一边都安装了一个永久性的登机踏板。两名机组成员通过这些登机踏板爬上飞机的机翼，在那里借助于手/脚的把手进入各自的座舱。

水平安定面

强大的水平安定面是一种双梁结构。在Ju 87B飞机上，它被两个支柱额外支撑；在改进的Ju 87D飞机上，这些支柱被改进成一个气动支柱。升降舵虽然不再那么大，但是有足够的能力让飞机轻松地从一次90°的俯冲中胜出。

→历史上从没有一架飞机能像臭名昭著的"斯图卡"（Stuka）飞机一样永远有名（即使当不用时），也没有一架飞机当遇到反击时像它那么脆弱。在战争的最初几个月，其破坏性影响相当大，但当该机在英国上空遭遇英国皇家空军几个星期后，就遭遇了惨败。

↑在与苏联战斗机近战后，这名飞机后部射手庆幸在飞机受损的情况下生还。

→对于不断向前推进的德国国防军而言，"斯图卡"飞机好比远程火炮。由于它能够在紧靠前线后方的地域遂行作战，因此它可以在数分钟之内对目标实施毁灭性打击，从而支援部队向前推进。

←库尔斯克战役见证了"斯图卡"飞机作为一架成功的俯冲轰炸机是如何走到了其作战生涯的尽头——在这场战役中，德国人使用了其最后的、最终极不成功的、庞大的武装攻击武器。Ju 87飞机不再被看作一架"恐怖武器"，地面指挥员已经知道如何才能保持最低限度的伤亡人数。从已经被拆除螺旋桨警笛声的这架飞机上可以看出"斯图卡"飞机作战观念的改变。

英法宣战

英法两国被波兰发生的事吓坏了。张伯伦还曾想召开一个跟慕尼黑相似的谈判。但希特勒根本不予理睬。张伯伦别无选择，只好对德宣战。法国比英国的参战意愿还要低，但张伯伦很快认识到，除非对德国宣战否则他的政府就要倒台，因此他也很不情愿地对主要盟国法国施加压力，以保持他们联盟的体面。

1939年9月3日，星期日，上午9时，英国政府发布最后通牒：除非德国政府在两小时撤出入侵波兰的军队，否则大英帝国将被迫与德国处于战争状态。

但是他再也听不到以前希特勒做出的那种德国可以化解危机一类的保证了，张伯伦被迫实践自己的诺言，他对英国人民发表广播演说，英国再一次进入了战争状态。这个上了年纪的政治家，因为自己的和平愿望落空而心力交瘁，他跟

↑德军卡98K步枪。

↑施图卡俯冲轰炸机是战争早期最有效最让人恐惧的飞机。它的发动机有1200马力，机上有两名飞行员，在波兰战争和稍后的法国战争期间它发挥了很大的作用。它的主要任务是对敌人目标进行精确的轰炸，为德军地面进攻作铺垫。施图卡的制动器可以在俯冲期间让飞机慢下来，这样，飞行员就有足够的时间仔细瞄准。施图卡式飞机可以携带1枚1100磅的炸弹，或者1枚550磅和4枚110磅的炸弹。它也装备有3挺3.7mm口径的机枪，飞行速度最高达每小时292英里。施图卡飞机如此知名以至于它成了德国空军最有声望的飞机，直到盟军的飞行员们发现了它的大弱点，即它在开始俯冲时极为脆弱。那一时刻它最容易被击落。

↑1939年12月，德军处决波兰平民。这样的场景在德国占领波兰期间极为常见。

英国人民谈起他们面对的敌人的特点时说："我们将与之作战的敌人是一个恶棍，它有残忍的军队，背信弃义，为害四方，侵略成性。"

在发表这番讲话时，张伯伦可能也没有想到自己的话是那么正确。

与此同时，在华盛顿，美国总统富兰克林·罗斯福宣布美国保持中立。

就在英法对德宣战的同时，就在德军闪电战开始粉碎波兰人的抵抗之际，另一场纳粹新概念的战争也开始了，它让波兰人觉得，不仅是波兰的前线战场，就是波兰的大部分国土和人民也都完全落入纳粹之手。三支党卫军跟在德国国防军后面进入波兰，他们的任务不是跟波兰军队作战。相反，他们的目标是平民百姓——男人、女人和孩子们，也就是整场战争的俘虏。

《日内瓦公约》，1864年订立的国际公约，规定应给予战争中的俘虏人员医护和其他救助的权利，平民受到保护。现在波兰人，无论是战场上的战俘还是平民却都不能享有这些权利了，因为他们在纳粹的种族观念里属于低贱的民族。

党卫军深入到波兰的大小城镇和村庄里抓人，他们的残忍很快暴露无遗。一旦有人被怀疑为德国帝国的敌人，马上会被就地处死。这些"敌人们"是犹太人、知识分子、同性恋者、教

入 侵 波 兰

入侵波兰
1939年9月1—28日
→ 德军推进方向
→ 苏军推进方向
⇢ 波军撤退方向
〜 德军野战工事
〰 波军防线
— 波军阵地
— 德苏瓜分波兰分界线

←德军以大规模钳形攻势切断并孤立了波兰野战军主力，内钳计划在波兰中部的维斯瓦河完成合围，包围波兰野战军的主力；外钳部署快速机动部队，目标是弥补内钳留下的缺陷，切断敌军任何可能的逃亡路线。作战行动由德军北方和南方两个集团军群负责实施。冯·龙德施泰特指挥的南方集团军群由3个集团军组成，其中：第8集团军从左翼向罗兹推进；第14集团军从右翼直指克拉科夫；中路是冯·赖歇瑙率领的第10集团军，该集团军拥有整个集团军群的主要装甲力量，其任务是在罗兹和克拉科夫之间波军防线缝隙处形成突破，并与第8集团军的机动部队会合，进而向华沙推进。冯·博克率领的北方集团军群将同时展开进攻。屈希勒率领的第3集团军从东普鲁士向北进军，而冯·克鲁格的第4集团军则从西部发起进攻，穿过波兰走廊。此次进攻的先头部队是古德里安的第19军的装甲部队。

这是一支装在三脚架上的MG34机枪。

↑→波兰人对1939年9月德国人发动的高度机械化的战争毫无准备。堑壕战的时代过去了。

↓ "铁拳"火箭筒。

师、法学家、牧师和波兰的爱国志士。这些遇害者经受了如此恐怖的羞辱和折磨，使得很多德国国防军的士兵都为之震惊。有些人还为此冒险向希特勒抱怨。

希特勒表示他支持党卫军。

波兰的沦陷

到9月3日盟国宣战时，德军已经封锁了波兰走廊。在缺乏现代武器的情况下，波兰军队难以跟德军交战，他们很快发现自己已经被包围了。

跟德国国防军的装备优势完全不同，波军几乎全由步兵和骑兵部队组成。他们的机动性完全依赖铁路，但铁路已经被德国的施图卡轰炸机炸毁了。因此，波军的指挥部和战场失去了联系，波兰军队别无选择，只能等着德国人的屠杀。他们得不到任何战场火力支援，他们的骑兵根本不是德国装甲部队的对手。

不过，波兰人还是做出了英勇猛烈的抵抗。

9月9日波军在布祖拉河附近发动反攻，并成功地重创德国第8集团军的一个师。这使德军向华沙推进的速度慢了下来，但这一局面只是暂时

↑安装在三脚架上的呈持续射击状的MG34机枪。它安装有间接射击的瞄准具。这种瞄准具是为了攻击射程在3000米之外的目标而设计的，

←1939年，德军进入格但斯克，在波兰"闪电战"还未结束时，希特勒就迫不及待地去了但泽，9月19日他受到了当地德语民族代表的热烈欢迎。占领但泽自由港，希特勒撕毁了《凡尔赛条约》的又一条款。

→党卫军清除但泽最后一群
反抗的波兰人。

↓捷克斯洛伐克的ZB vz 26机枪。德国占领捷克后，vz 26和vz 30机
枪成了德国的武器。德国人把这两种武器分别命名为MG 26（t）
机枪和MG 30（t）机枪。

的。五天之后，波军再次被迫撤退，德国人包围
了波兰的首都。

尽管波兰人一再请求，他们的盟军却没有全
力以赴地援助他们。在德国的炸弹投向那座美丽
的城市——华沙时，英法军队的飞机却只是向
德国人的战区投下大量的传单，劝德国人放弃
战争。

这种行为的背后仍是他们那懦弱和谨小慎微
的心理在作怪，英国人和法国人对任何可能"激

怒"德国人的事都极为小心。

法国人在西线的军事行动也同样地令人沮丧。9月9日，法军开进德国西部萨尔区。波兰人正盼望他们的盟军在西线能让德国人受到攻击，从而导致德军在两线作战，以便减轻他们此前一直独自承受的德军的压力。但德国人没有上当，当法军向他们的西线的齐格弗里德防线进攻时，他们主动后撤。这道防线是德国人对法国人修筑马其诺防线的回应，不过远比后者粗糙得多。但是法国一旦面对德国要塞的抵抗就停下来，随后便撤退了。

这样，德国人的炸弹仍旧雨点般地落到波兰的土地上，甚至更糟的情况还在后面。

波军在对德全线失利时，苏军开始行动，给他们背后致命的一击。9月17日，新任苏联外交部长莫洛托夫宣布波兰国家不复存在后，苏联军队开进波兰。几天之内，波兰人的抵抗就只剩下华沙周边的一点力量了。

《纽约时报》对苏联的评价极为轻蔑："德国抓住了它的猎物，苏联则跑来抓住德国都不会

↑德国和苏联之间在战争初期时的合作。

↓1939年10月1日，华沙陷落后，广场上堆放着被缴获的波兰人的武器。

↑德国"石勒苏益格一荷尔斯泰"号炮击韦斯特普拉特兰驻军。在顽强抵抗一周之后，1939年9月7日，遭受重大损失的波兰军队向德国人投降。

↑德军在波兰势如破竹，除了装备优势外，关键还是闪电战这一革命性的战略战术。

要的猎物的尸体。相对德国这头狮子，苏联扮演的只是鬣狗的角色。"

实际上就在波兰人于9月9日在布祖拉河附近发动反攻的当天，德国就已经开始对华沙实施轰炸了。由10万多军队防守的华沙抵抗了17天，但德军的狂轰滥炸，使防守者缺乏足够的弹药和食物。9月26日，华沙投降。到了10月初，波兰境内所有有组织的抵抗都停止了。

不到一个月内，德国的炸弹炸死了2.5万平民。6万波军战死，50万波军被德国人俘虏。但是，仍有不屈的象征存在，9月30日，西科尔斯基将军在法国组织了一个流亡政府。

大约9万波军向西部逃离，他们跟波兰的水手们会合，这些水兵从德国的海军封锁线下偷偷地运走了两艘潜艇和三艘驱逐舰。此后，很多波军，甚至包括一部分空军人员，逐渐地加入盟军，他们在1940年的不列颠空战中和1943年后的意大利战役中表现得极为突出。

德国、苏联对波兰的占领

波兰境内的战事结束后，德国人和苏联人就瓜分了波兰。纳粹占领了西部的土地，包括极为重要的波兰工业区和大部分波兰人口，苏联则控制了东部的乡村地带。他们的占领分界线以布格河为界。

德国占领区，包括两千万人民，被分成了两个新省区——瓦尔特兰省和军事管理区。在接下来的六年多的时间里，德国占领区变成了一个大集中营，纳粹在那里进行了各种惨无人道的试验来试图检验他们的种族理论，最后这些试验品大部分被送进死亡集中营里杀死。

瓦尔特兰省被正式并入第三帝国，而军事管理区的身份更为低下，变成了一个劳动集中营。波兰人感觉到了德国人的意图，随着时间的流逝，问题更为严重了。超过200万的波兰犹太人落入德国人之手。纳粹的理论家们曾委婉表述"犹太人问题"，现在他们已不再浪费时间了，他们正放手来解决犹太人了。

党卫军的首领莱因哈德·海德里希来做这件事。从10月开始，所有年龄在14~60岁之间的犹太人都被送到集中居住地强迫劳动。他们的财产被没收，被从乡下赶出来到波兰城市里集中到专门的犹太人区里。

犹太人区的生活是艰苦而悲惨的。成千上万的人被迫地被限制居住在一个狭小的地区内，没有足够的食物，也没有卫生设施。很快地，包括老人、病人和孩子在内，成千上万的人死掉了。

相对瓦尔特兰省的德国化行动，军事管制区内这些属于帝国的波兰人的生活更因"种族歧视"倍加惨痛。他们的财产被没收。数百万人被赶离家园，送上卡车，拉到集中居住地。在这个过程中，德国人既不给他们食物，也不给他们基

← 德国士兵在纳粹—苏联划界线上站岗。

本的卫生保障。很多人在到达目的地之前就死掉了。他们的家、财产和生意则由德国人霸占。

德国人甚至还想把整个波罗的海国家并入瓦尔特兰省。

波兰人的孩子则被认为有可能进行种族同化，他们被从父母身边带走，送到德国，接受纳粹教育。波兰的语言和文化传统则严厉禁止使用和传播。所有瓦尔特兰省的居住者都被迫加入德国国籍。

军管区的生活越来越骇人听闻。汉斯·弗兰克被任命为总督，他对波兰人的迫害变本加厉，在他眼里的波兰人不过是一群奴隶，图书馆和大学都被关闭，大批人被充军放逐，成千上万的波兰人被送到德国，在那里他们被迫持续地为德国做苦工。

与此同时，苏联迅速地把占领的波兰领土并入苏联。

↑德军在法国的迅速获胜，随之英军和法军战俘也不断增多。

第三章 静坐战

当波兰平原上的"闪电战"的硝烟慢慢散去时，纳粹、苏联的占领使波兰人觉得，西线的战争似乎成了所谓的"假战争"。

当时，德军的坦克在波兰横冲直撞，成千上万的英国孩子从主要城市和其他危险地区疏散出来，以免遭到德军轰炸。但是，到了1940年开始的时候，预期中的德国轰炸机并没有来，几乎一半以上的孩子都返回到各自的家里去了。在英国这时的生活和以前那种和平时期的生活几乎一样，没有什么变化。虽然实行了食品配给和灯火管制，但战争的进程在经济生活中还没有产生出多大的效果，失业人口仍高达上百万，英军也没有卷入公开的地面冲突。

9月4日，德国人封锁了波兰走廊，此时，英国最高统帅部参谋长戈特勋爵，这位当时英国官阶最高的将军，率领第一支英国远征军抵达法国。这些英国士兵们像他们在第一次世界大战中的父辈一样，由法国人的司令部指挥，但第一次世界大战的可怕遭遇仍影响着他们，他们跟法国军队一样，既无进攻性的军事行动，也没有什么计划策略。

和德国人那种猛烈的军事行动与战果相比，盟军此时的行动是非常消极的，这种情形很快就被随军报道的美国记者们称之为"假战争"。另一些人则称之为"讨厌的战争"或"胶着战"、"静坐战"。

张伯伦首相希望战争不必像20年前给欧洲带来创伤的第一次世界大战那样，不用经过大规模的陆地战就能达到和平的目的，他之所以对和平寄予如此大的希望，是因为他觉得英国海军的封

↓从防空炮位上观察低空飞行的飞机。

→一座荷兰的军事防御工事，在静坐战期间一炮未发，一直与对军处在"器官的对峙"当中。

↑"为战争中的借贷新问题而准备。"

↓7.92毫米口径的MG42机枪。

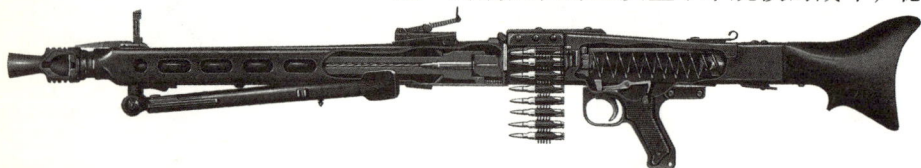

锁战会让希特勒明白其中的利害关系。

在甘末林将军的指挥下，法军满足于坐在马其诺防线后面等着德国入侵。那些主动出击行动，像当时海军大臣温斯顿·丘吉尔所建议的，向莱茵河里投放水雷等，都被法国人拒绝了，他们的理由只是担心激怒德国，招致更大报复。

在希特勒和斯大林瓜分波兰时，整个世界徒然地等待着盟国的反应。

这一时期只在海上发生了小规模的战斗，德

国的潜艇袭击了盟国的船只，那些船从美国运来重要的战争物资。到了10月初，波兰屈服之后，希特勒便热衷于如何把西线的英法军队一举打败。但德军将领们却很担心，他们认为德军还没有准备好进攻盟国，希特勒不理睬他们。虽说将军们不能阻止希特勒，但天气却可以做到这一点。随着冬天的临近，坏天气来了，希特勒被迫让步，西线的进攻可以等下去了，一直等到1940年春天。

这个时候，沿着法德边境，两边的军队都紧张地对峙，却又都无所事事。中立国比利时和荷兰竭力想避免战争，他们因此拒绝了盟军合作的要

配给制度

1940年1月8日，英国实行了食物配给制度，尽管汽油在五个月前战争爆发时就已经定量供应了。

普通百姓要到政府去登记，以获得定量配给；他们还要去本地的商店登记。直到战争结束时，商店都得到了专门的供应。第一批配给的食物有咸肉和黄油，每人每周4盎司。糖是另一种首批实施配给的食物。具有讽刺意味的是，配给制让英国民众比起战前和战后来都吃到了更多的有利健康的食品，民众的食物由政府精心控制似乎很有成效。

1940年6月1日，政府又开始实施布料配给，每人一年得到66张定量的布票。一条长裤要花掉8张布票，一件衬衫要花掉7张，一双袜子要3张，一条内裤要4张，等等。在配给制最为严重的1942年，民众每周只能允许吃很少的肉。这便使很多人养起猪或家禽来，鸡可以产蛋，而且不在配给之列，这样，很多人不再依赖配给而自己解决食物不足的问题。有些食物在战时则从来没有限制过，包括面包、鱼、番茄、蔬菜，以及牲畜的内脏等。

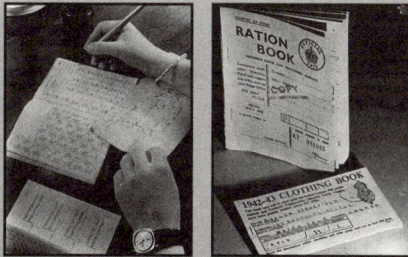

↑ 1942—1943年食品衣物配给手册。

求。但盟军的武装也因此更为闲散，士兵们都以玩牌和泡咖啡店打发时光。没有什么训练和演习，人们在这种无所事事的日子里醉生梦死般地担心着战争的猛烈爆发。

北欧战事

1940年4月9日凌晨，挪威国王哈康七世被人叫醒，他的中立国已被入侵，挪威现在进入了战争状态。震惊的国王只来得及问："跟谁打

←伦敦时髦的肯星顿公园里修建的防空工事。英国首都的大小花园里到处挖筑壕沟，作为防空掩体和防空炮台，有些地方还作为储藏点以保障食品供应。

→在挪威登陆后严阵以待的德军山地部队。挪威之战让德国海军颜面扫地，却让山地兵们大放异彩。

仗？"

这么问话可不像听起来那么奇特。挪威的中立政策早就被猜忌，它在北海东部的战略重要性既被盟国所注意，也为德国人所关心。

能常年把瑞典铁矿运到德国的唯一路径是经过挪威的不冻港口纳尔维克，这一矿产贸易对德国的军事工业来说是至关重要的。因此盟国想切断这一贸易的愿望也就能够为人们所理解了。对挪威人来说，他们很清楚英国人的计划：在挪威领海布设水雷，迫使德国运矿船经过公海，那样英国皇家海军就可以击沉德国运矿船。显然，英

国人的行动会激怒德国人，面对恶魔和深蓝色的大海挪威人很难选择，他们只能观察、等待、希望。

占领波兰后，希特勒全力准备入侵法国之时并没有关注斯堪的纳维亚。不过，德国海军上将埃里希·雷德尔却另有想法，他认为进攻挪威不仅使重要的瑞典铁矿运输线得到安全保证，而且能使德国海军在大西洋建立基地，这样一来，德国的潜艇就可以攻击盟国与美国之间的战略物资供给线了。

1939年12月3日，皇家海军给了德国人一次大的羞辱性的打击，他们击沉了乌拉圭的蒙得维的亚外海上的德国袖珍战列舰"格拉夫·施佩海军上将"号。随后，1940年2月16日，皇家海军在约星峡湾救出了德国"阿尔特马克"号上面被囚禁的300名英军水手。具有讽刺意味的是，"阿尔特马克"号曾一度作为"格拉夫·施佩海军上将"号的补给舰。这样，被激怒的希特勒突然开始对雷德尔的计划感兴趣了。

盟国也同样在盯着挪威。海军大臣温斯顿·丘吉尔对芬兰战败后德国可能向北欧展开行动极为关注。丘吉尔和公众都要求政府采取行动，但张伯伦却没有反应，而在1940年3月即已取代达拉第成为法国总理的保罗·雷诺也没有采取任何实际行动。不过英国最终还是于4月8日做出了在挪威布设水雷的决定，英国的布雷兵按计划提前

维德昆·吉斯林

维德昆·吉斯林于1887年生于挪威。1940年4月9日，在德国人入侵的日子里，他企图建立亲德政权，他的名字因此成为"卖国贼"的同义字。吉斯林在战前就和纳粹勾结，他组建的民族团结党接受了纳粹资助。实际上，在希特勒尚无心进攻北欧时，正是吉斯林宣称可以满足纳粹在挪威等国的要求从而鼓励了希特勒，使之认为入侵斯堪的纳维亚的时机已经成熟。吉斯林宣布建立亲德政府是一个政治投机的失败之举。他真正掌握权力只有不到一周的时间。尽管他带来不少麻烦，德国人却继续操纵他，让他尽可能发挥影响。1942年2月1日，德国人任命吉斯林为挪威政府首相。

战争结束后，1945年10月24日，吉斯林因与纳粹合作被处死。

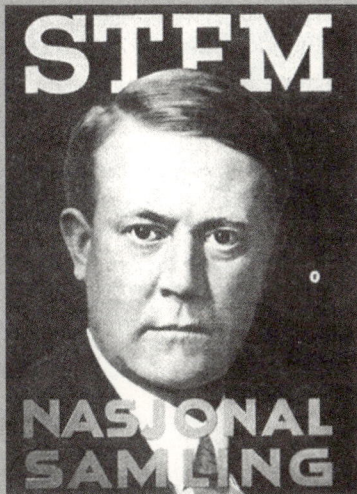

STFM

NASJONAL SAMLING

↑ 吉斯林，是第二次世界大战中最臭名昭著的卖国贼之一。

于4月6日启程。

4月5日，在一个后来成为著名的糟糕的日子里，张伯伦对下议院宣布说希特勒已经"错过了班车"。

挪威政府被英国皇家海军的出现所迷惑，他们甚至没有看到德国人也正在赶来，因此当他们看到德国人入侵时大吃了一惊。

4月9日，世界上第一支伞兵部队介入战场，迅速地占领了挪威首都奥斯陆和斯塔万格的主要机场。德国部队分别从纳尔维克、特隆赫姆、卑

←挪威之战，由于英军准备不足，而德军尤其是伞兵部队突袭得手，使战争已开始就已经没有了悬念。

↑ 对挪威的占领，一方面使第三帝国免除了侧翼的威胁，另一方面可以获得稳定的钼、铁、氖、氚等重要资源。

↑ 苏联坦克、步兵和空军在冰天雪地里作战时，遭受很大损失，芬兰人占有天时地利之便，但尽管这样，到1940年，芬兰军队还是渐渐不支。

尔根、克里斯蒂安和奥斯陆登陆。

同一时间里，丹麦也遭到入侵。丹麦政府完全让德国"闪电战"式入侵的行动打懵了，他们在当天的下午6时宣布投降。

↑ 7.92毫米口径的MG34机枪。

与丹麦相反，挪威则决心打击侵略者，但是挪威只有很可怜的国防力量。没有坦克，没有防空武器，挪威的海军也只是"骄傲"地拥有两艘世界上最古老的舰船，而且自1918年后再没有离开过港口。更糟的是，挪威国防部长是一位和平主义者，而军队的总指挥官克里斯蒂安·拉克将军也极不称职。

但是相反，挪威国王哈康七世，也是丹麦的王子卡尔，在1915年被选为挪威的国王，从一开始就要求挪威人勇敢地抵抗德国的入侵。

尽管遇到了挫折，挪威人在1940年的防守是坚决果敢的。德国驱逐舰"布吕歇"号进入奥斯陆峡湾时，被岸上的19世纪生产的加农炮猛烈轰击。尽管大炮古老，火力却极为有效，驱逐舰在大炮的打击下受到重创，当船上的弹药库引爆时，一千多名德军被炸死。这一有效的反击为哈

康国王和他的政府逃离首都赢得了时间。

尽管国王和他的政府逃往北方继续抵抗德军，首都奥斯陆却留下了权力真空，一个古怪偏执的纳粹同情者——维德昆·吉斯林，在德军的支持下，组建了一个跟德国合作的傀儡政权。吉林斯的名字后来成了"卖国贼"的同义词，但这个傀儡政权反而更加刺激了挪威人，使得他们更

↓德国装甲舰"格拉夫·施佩海军上将"号在乌拉圭沉入大海。它被皇家海军诱捕，尽管后者与之相比力量悬殊，却追捕它数天之久。

↑家信——在挪威一个掩体里德国士兵抽空给亲人写信。

入侵挪威

德国

➡ 海军登陆进攻方向

☂ 伞兵登陆点

盟军

➡ 挪威人登陆进攻方向

⇢ 后退

1940年4月9日，德军同时在奥斯陆、克里斯蒂安、斯塔万格、卑尔根、特隆赫姆、纳尔维克登陆

哈斯塔德

比谢维克

纳尔维克

博德

莫城

挪威海

莫舍恩

纳姆索斯

斯泰恩谢尔

"格劳沃姆"号沉没处 ✗

海格拉

莫尔德

特隆赫姆

达拉塞

翁达尔

斯内斯

特塞特

伦达尔

奥勒松

杜姆巴斯

科瓦姆

挪威

埃尔沃吕姆

科勒哈歇尔

赫纳福斯

卑尔根

孔斯贝格

奥斯陆

"柯尼斯堡"号沉没处

斯塔万格

"布吕谢尔"号沉没处

阿伦达尔

"吕兹欧"号重创处

阿尔特迈克乘船处

"卡尔斯鲁赫"号沉没处

1940年4月9日德军占领丹麦

斯卡格拉克

奥尔堡

丹麦

哥本哈根

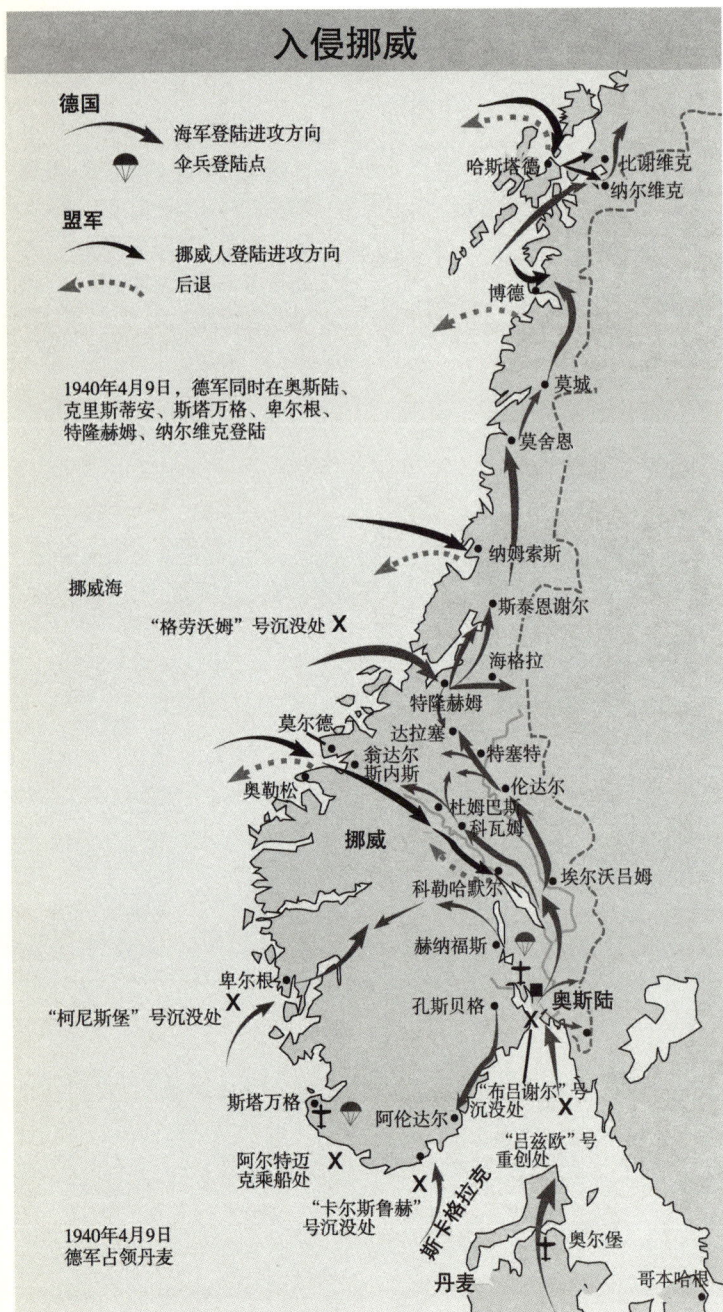

加猛烈地抵抗德国人。

盟国对这次事件反应迅速，他们马上为挪威人提供援助。英法军队于4月14日，德国入侵的五天后，也到达了挪威。不过他们和德国人完全不同，他们几乎没作什么准备，装备也很落后，任

↓一架He-111轰炸机正在飞过挪威港口，执行支援任务。

↑RPzB 54火箭筒。

务更是执行得完全失败了。

英法两军之间的联络非常混乱糟糕，而英法盟军和挪威人之间的联系更是一塌糊涂。

盟军没有空中掩护，只拥有很少的防空武器。他们对北冰洋地区的环境也不太适应，司令部和行动部队之间的指挥控制和沟通则是一团糟。供给要么被送到错误的地点，要么在路上被毁。

工党的反对派领袖克莱蒙特·艾德礼，对英国政府在战争中的一系列所作所为极为不满，他直率地表达自己的观点："在这场生与死的斗争中，我们不能把自己的命运交给失败之手。"下议院在1940年的5月7—9日召开了会议，当张伯伦走进会场时，人们向他粗声粗气地喊道："究竟是谁错过了班车？"

虽然温斯顿·丘吉尔还顽固地想对会议记录进行保密，但情况基本由下议院议员利奥·阿梅利对外透露了。在直言不讳地批评张伯伦时，这位议员引用了奥立弗·克伦威尔的话，克伦威尔在1653年曾对英国议会发表讲话时说："你们在这里已经坐得太久了，你们已经不能做什么事了。"阿梅利说："我扯远了，让我们来对你做同样的事吧。以上帝的名义，你走吧！"

会议结束前，举行了一次信任投票，政府的主要成员受到了批评，张伯伦被迫考虑辞职。而当工党明确拒绝参加张伯伦领导的联合政府时，张伯伦别无选择只有辞职。

64岁的温斯顿·丘吉尔被选为英国的新首相。

与此同时，德军在西线的装甲师开始冲过比利时的阿登地区，入侵法国和西欧的行动开始了。

入侵法国和低地国家最终也给挪威之战画上了句号。

挪威的抵抗运动持续了两个多月，虽然因此让德国重演在波兰的轻而易举的"闪电战"式的胜利梦想破灭，但是到了1940年6月，在德军入侵西欧最为严重的时候，英国也完全处于入侵的威胁之下，盟军在6月8日和9日被迫从挪威撤退。这使得德国人完成了对挪威的占领，挪威和丹麦一样，沦入了纳粹的铁蹄之下。

哈康国王和他的政府跟盟军一起漂洋过海到了伦敦，和波兰的西科尔斯基将军一样，他也在伦敦建立了一个流亡政府，一直坚持到战争结束。

↓德军"巨人"爆破车。

↑坦克战！在埃尔温·隆美尔指挥下，德国的装甲师在西线战争胜利在望时在法国的乡间进军。

第四章 西欧沦陷

"黄色计划"

1940年5月10日，德军向法国和中立的低地国家比利时、荷兰、卢森堡实施闪电突袭，"假战争"中止。

西线终于开战了。德国入侵的速度和新战术再次让盟国和中立国大吃一惊。

在部分荷兰纳粹分子伪装成军警的协助下，德国的伞兵部队迅速地占领了荷兰的重要桥梁。同时，78名伞兵乘滑翔机对埃本埃马尔要塞实施伞降突袭，要塞位于比利时的阿尔伯特运河，据说是世界上最大的要塞。利用爆炸开路，德军精锐部队仅以六名士兵战死的代价占领了这个要塞和关键性的防御阵地。

希特勒在西线动用了136个师、2000辆坦克和4000架飞机。他想在军队调往东部攻打苏联前能迅速地占领法国，以简单而有力的一击粉碎盟国的希望。希特勒的目标是最终打败斯大林，占领苏联，这样，德国就可以在东欧获得大量的殖民地，同时，也给世界范围内的共产主义以致命的打击。

在德军开始发起攻击时，低地的中立国马上请求盟国援助。英法军队因此向北开进，到达比利时的迪尔沿线。但这样的行动正在希特勒的预料之中，在盟军到达新防线之前，德军伞兵已经开始攻击比利时守军。德国人没有让盟国有时间在荷兰或比利时建立坚固的防御阵地。

在希特勒发起进攻即代号为"黄色计划"的前一天，他告诉将军们："你们将见证历史上最辉煌的胜利。"

↓ sGrw 34迫击炮。

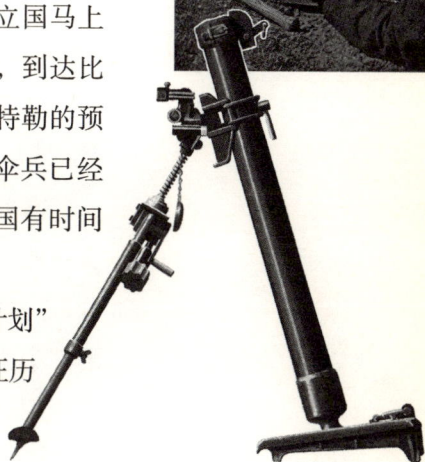

→德军伞兵精锐部队。这些人刚刚奇袭并夺取了"世界上最坚固的要塞"——比利时的埃本埃马尔要塞，只用了24小时。

→英军第51高地师在瓦拉里·因·卡克斯投降。现场的隆美尔(左)和他手下的败将。

尽管冒着巨大的危险，不过希特勒并没有错。

德军伞兵确保了荷兰和比利时等地的桥梁和交通通信的安全，那里，德国三个集团军的一部分正向盟军方向推进。希特勒把他的136个师分成了三个主要集团军群。B集团军群由冯·博克将军指挥，进军比利时。C集团军群由里特尔·冯·勒布将军指挥，突破法德边境的马其诺防线，那里有40万法军驻守。这些行动也都在盟军的算计之中，不过盟军忽略了A集团军群，他们由冯·龙德施泰特将军指挥，他率领着德国最大最强的装甲部队。

根据进攻计划，德军战略的最突出的特点就在于，A集团军群的七个装甲师要穿过比利时的阿登地带。这样一来，法国自吹坚固无比的马其诺防线的最大弱点就暴露无遗了，因为它只修建到法国与比利时的边境。它于1935—1936年修建的时候，法国人认为，把这个坚固巨大的防线修到友邻国家的边境上是不对的，因此它有一个致命的缺陷。当然，法国人也认为德国人不可能穿过阿登山地，那里虽然是马其诺防线的终点，但也山高林密，地形复杂。盟国从未想象德军的坦克可以通过阿登地带。因此法国人觉得在阿登山地周围派重兵把守也是不必要的。

事实上，在这一地区的法军——科拉普将军的第9集团军和恩特西热将军的第2集团军都不是战斗力很强的部队。

但是德军迅速地穿过阿登地带，并于5月12日出现在山的这一边。但即使到了这时，法国人仍未给予足够的重视。他们没有意识到现在出现在马斯河对岸的部队是由德军的主力进攻部队组成的。根据上一次世界大战的军事记录，德国人要花好几天时间才能渡过马斯河，人们以为这在20

多年后还会同样再次发生。

但是德军再一次被打破老旧的常规。埃尔温·隆美尔将军指挥的第七装甲师在德安特，坦克战专家汉斯·古德里安将军指挥着第二和第十装甲师在色当，同时渡河。到13日，在德军可怕的俯冲轰炸机和坦克的协助下，德军利用舟桥、浮桥和橡皮艇，快速渡过了马斯河。

德军以惊人的速度冲到马斯河西岸，准备建立一个装甲桥头堡，他们正强力穿越法国东北部的乡村，以打通通向海岸的道路。

法国将军阿尔方索·乔治，东北前线的司令官，在听到德军已经渡过马斯河并攻占了色当的消息后，禁不住失声痛哭。

德国人在进攻的当天就突破了盟军防线，盟军却无力反攻。德国空军还对荷兰的港口鹿特丹实施了轰炸，造成800多名市民遇难。这一天晚些时候，即5月14日，自1830年以来再没有打过仗的荷兰军队投降了。荷兰女王维廉米娜逃到了英国。

温斯顿·丘吉尔已在5月10日当选为英国首相，这一天也正是德军入侵西欧的日子，他飞到巴黎和法国讨论迅速恶化的局势。丘吉尔为看到和听到的情况感到震惊。他看到法国外交部的官员们正在焚烧政府文件，升腾的火焰让他有不祥之感。那可能正是法国临近失败的征兆，这个国家的未来也许会是黯淡的。

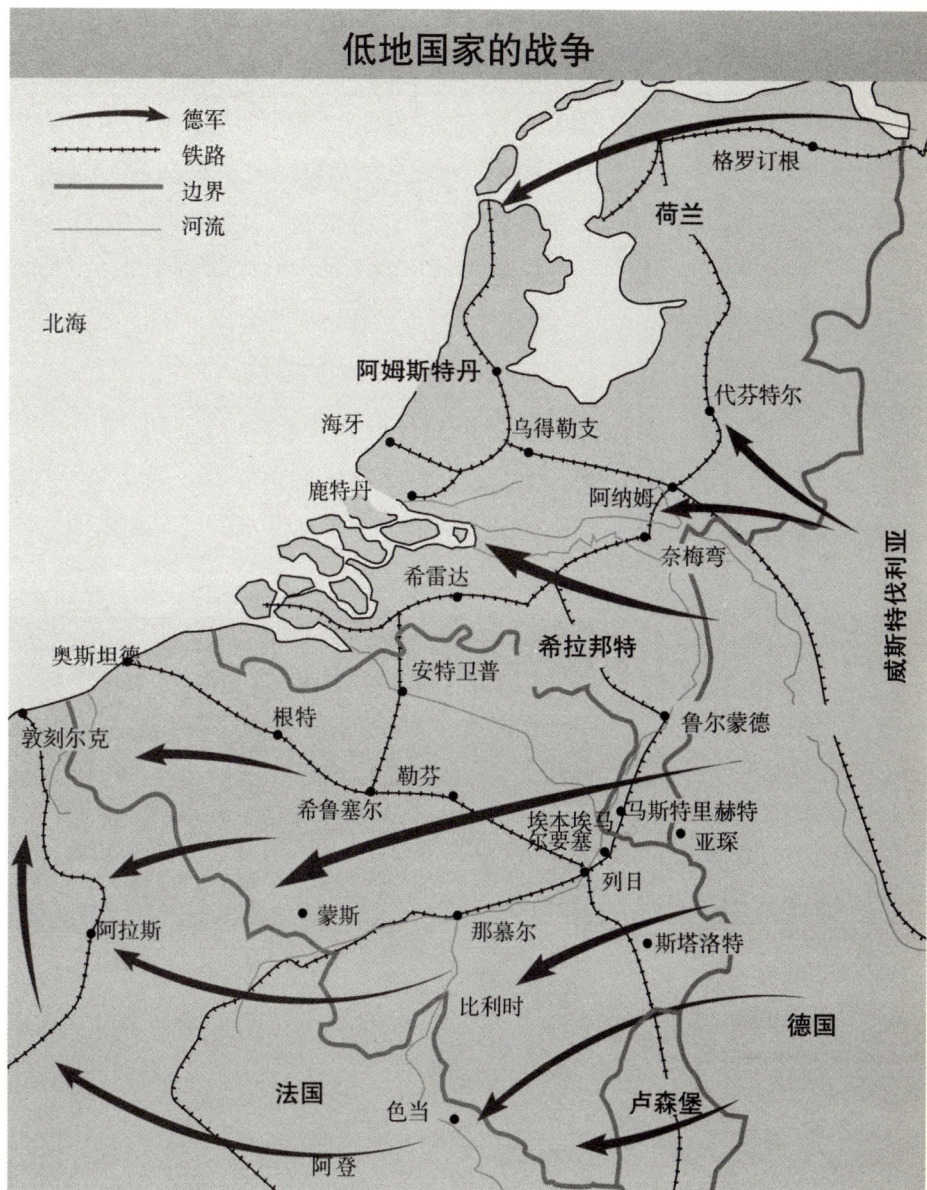

低地国家的战争

德军
铁路
边界
河流

北海

格罗订根

荷兰

阿姆斯特丹

代芬特尔

海牙

乌得勒支

鹿特丹

阿纳姆

奈梅弯

威斯特伐利亚

希雷达

希拉邦特

奥斯坦德

安特卫普

鲁尔蒙德

根特

敦刻尔克

勒芬

马斯特里赫特

亚琛

希鲁塞尔

埃本埃马尔要塞

列日

阿拉斯

蒙斯

那慕尔

斯塔洛特

比利时

德国

法国

色当

卢森堡

阿登

在盟军防线开始崩溃时，丘吉尔要求法军总司令甘末林将军调兵驰援。甘末林却说他无兵可调，丘吉尔大为震惊。盟军居然没有后备机动部队，那德军现在的进攻可以说是随心所欲了。

法国总理雷诺意识到局势的危险，他任命第一次世界大战中的英雄，73岁的马克西姆·魏刚将军取代了甘末林任盟军总司令，而84岁的菲利浦·贝当元帅则作为总理顾问。

同时，德军继续沿着索姆河向海峡方向急进，他们在那一带成功开拓了一条"装甲走廊"，正好位于在比利时作战的盟军和法国北部之间，而且位置接近巴黎。当德军冲向海岸时，盟军却又误判，认为他们正向巴黎推进。这正好上了希特勒的当，当他看到盟军"错误地欣赏我们行动的最基本的意图"的时候，他的预感完全对了。

5月20日，德军进占阿布维尔并建立了防御阵地，有效地切断了包括英国远征军在内的盟军部队的补给和交通线。盟军显然应该组织力量反攻，以把"装甲走廊"前后的德国坦克部队和步兵部队以及补给线分开。但法国人和英国人都没能做到这一点。

↑埃尔温·隆美尔将军，装甲部队指挥官，他指挥了德军穿过阿登地带直抵英吉利海峡的行动。

→德军把成功的希望寄托在他们的强大的装甲部队上，而装甲部队也取得了赫赫战果，他们在法国的伤亡极为轻微。

战前，盟军将领们从来就没有想到过德军的"闪电战"，自然也没有考虑过如何应对。盟军需要时间才能组织一场有效的反攻，而希特勒根本没有给他们时间。

→行军状态中的39式反坦克步枪（下图）。这支反坦克步枪的双脚架放低，枪托伸展后，表明已进入射击状态（上图）。

敦刻尔克

1940年5月19日，英军司令官戈特勋爵最终认识到英国远征军已被包围。于是他命令英军准备从法国撤出。形势愈加严峻。如果英国远征军被消灭，英国本土将没有任何力量来抵抗德军进攻。此时，北边的比利时军队完全被德国的快速进攻牵制住了，而如果比利时人失败，就再没什么人可以挡住德军了。

敦刻尔克，法国的第四大港口，现在成了英军唯一可以撤退的地方。在这种危急关头，5月21日，布伦被德国的第七装甲师占领，接下来的两天，驻守在加来的英军被德军包围。

英国人私下告诉了盟国，他们准备把英军从大陆撤回。但此时法国人还在考虑请戈特将军帮助发动一次反攻呢。

尽管英军的戈特将军也属于法国统帅部指挥，但他也有其他特权。他提出，英军和法军一同行动援助正在迅速崩溃的比利时军队。这一行动当然也有可能拯救英军，但法国人并不赞同。随后，甚至在戈特的支援下，比利时军队也不

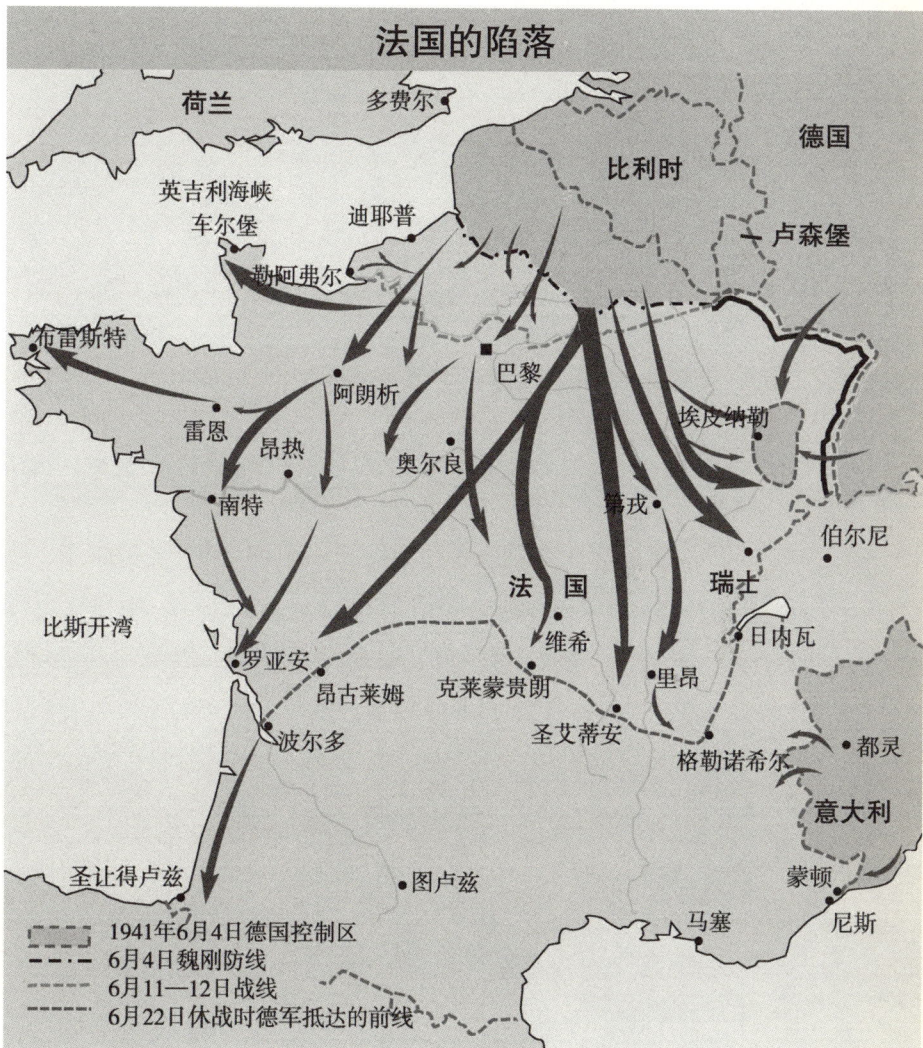

法国的陷落

荷兰　多费尔　德国
英吉利海峡　比利时
车尔堡　迪耶普　卢森堡
勒阿弗尔
布雷斯特
阿朗析　巴黎　埃皮纳勒
雷恩　昂热　奥尔良
南特　第戎
伯尔尼
法 国　瑞 士
维希　日内瓦
罗亚安　里昂
比斯开湾　昂古莱姆　克莱蒙贵朗
波尔多　圣艾蒂安　格勒诺希尔　都灵
意大利
圣让得卢兹　图卢兹　蒙顿
马塞　尼斯

- - - - 　1941年6月4日德国控制区
— · — · —　6月4日魏刚防线
- - - - - 　6月11—12日战线
— — — —　6月22日休战时德军抵达的前线

能有效地进行抵抗了。经过了18天英勇战斗，在6000多人战死的情况下，列奥波德三世国王觉得支撑不下去了，比利时于5月28日投降。

法国人愤怒了，雷诺总理立刻称列奥波德为

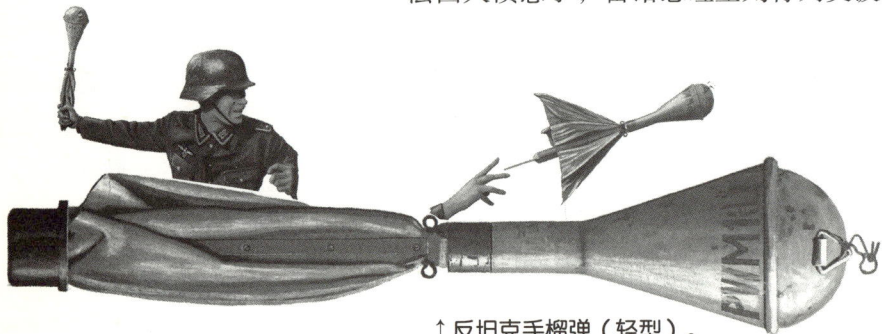

↑反坦克手榴弹（轻型）。

卖国贼。其实国王的处境很困难，他不愿像挪威国王和荷兰国王那样跑道英国，他想跟他的人民一起承受德国占领的痛苦。雷诺的谴责是不公平的，当然丘吉尔也知道这一点，不过他听之任之。

列奥波德投降前两天，英国皇家海军开始把英军从敦刻尔克运回英国。

盟军在法国的失败成为一场灾难，现在皇家海军和平民志愿者的那些大大小小的各色船只成功地把英国远征军运回了家，才使这场灾难看起来变得好一点。

也正是从敦刻尔克的海滩开始，在未被征服的大英帝国的帮助下，盟国的人们才可以同纳粹战斗到底。而敦刻尔克大撤退的成功，也应归功于比利时军队垮掉前的勇敢，以及法军第一集团军在列日猛烈地抵抗德军。皇家空军，然后是皇家海军的勇敢也起了很大作用，具有讽刺意味的是，阿道夫·希特勒严重地估错英国远征军的顽强战斗精神。

在那些天，希特勒的部队跨过塞纳河，迅速逼近巴黎。法国人不能阻止德军的前进，甚至不能使德军的速度放慢一些，他们宣布巴黎为不设防城节，以拯救这座城市，使它免于战火的毁灭。

英军被围，比军处于崩溃边缘，法军部署完全失当，德军此时却对他们的敌人进行了宽

敦刻尔克大撤退

1940年5月，德军进攻的速度和分割包围态势引起了英国人的担心，他们害怕自己在法国的军队被包围进而被德军消灭，因此准备逐步把英国远征军撤回。

当战局更为恶化时，英法军队撤退到敦刻尔克一带，此时他们幸运地发现那里是一个理想的撤退行动之所。但就是在此时，英法军队联合协调的不一致也暴露无遗。法国人希望守卫敦刻尔克，英国人则想撤回国，不想给德国人留下任何东西。因此，当英军用28磅的大锤毁掉了他们的新式卡车、货车和运载布伦式轻机枪的小型装甲车时，法国人却试图阻止他们，两支盟军几乎兵戈相见。

敦刻尔克的浅海滩给撤退带来很大困难，皇家海军的船只和平民志愿者的小船共有近900艘跨过英吉利海峡，却无法靠岸。

士兵们不得不站在水里，许多英国或比利时的渔民用小船把他们运到离岸更远的大船上去。大多数人排着长队等待，有些军官只有在枪口下才愿意听从指挥。

海滩的条件是糟糕的。到处都是炮火，被炸毁的军械在燃烧，还有海岸上让人感觉沉重和压抑的被遗弃的尸体。

英国皇家空军在这次行动中一共损失了170架飞机，他们为地面上束手无策的部队提供了最大限度的空中掩护，但因为条件限制，英法军队仍有半小时甚至有时一个半小时的时间里得不到空中保护，完全处于暴露状态而任凭德国空军狂轰滥炸。那些好不容易登上了救生船的士兵却又发现，海滩上还不是最严酷的考验。德国的飞机、鱼雷艇和潜艇在海峡里也同样夺去了很多人的生命。

不过，最后仍有338226人筋疲力尽地安全回到了英国。

撤退行动持续了紧张而危险的十天，回到家中，远征军士兵们被当作救星对待，志愿者们用茶、香烟和猪排来招待他们。

撤退行动结束的时候，丘吉尔首相对下议院发表演说，他让同时在收听的德国人和其他人明白英国战斗到底的决心。敦刻尔克可能是一场失败，但他提醒道："我们将在法国战斗下去，我们将在海上和大洋上战斗下去，我们将以越来越自信有力的力量在空中战斗下去，我们将不惜一切代价保卫我们的岛国。我们将在海岸上战斗，我们将在陆地上战斗，我们将在田野里和街道上战斗，我们将在山上战斗。我们永不投降！"

↑1940年6月，英国远征军从法国撤退前后，被摧毁的英军卡车和武器。

戴高乐和自由法国

法国政府倒台时，贝当元帅自己接管了权力，并跟德国人缔结了和约。陆军准将夏尔·戴高乐将军逃到了英国。6月18日，他开始组织法国人抵抗纳粹。他在伦敦对BBC发表谈话时，完全拒绝战场失败的定论，他宣称："法国之战并没有决定战争的结局。这是一场世界大战。"

戴高乐那挑战德国人、号召全法国反对通敌分子贝当的激励人心的演讲最初在整个法国都无人理睬，他的主张似乎没有任何希望。但是在那以后的日子里，当法国在北非的殖民地阿尔及利亚、突尼斯、摩洛哥等都对维希政权效忠时，西非的喀麦隆却和戴高乐的"自由法国"建立了联系。更为重要的是，在戴高乐的广播演说的10天之后，即6月28日，英国宣布承认戴高乐的"自由法国"为法国的合法政府。

在接下来的几年里，在英国和美国的帮助下，戴高乐组织了一支在战场上与德军作战的法国部队，又在1944年带着他们解放了巴黎。

↑ 为从纳粹统治下解放祖国，"自由法国"战士在英国南部进行训练。

↓ 德军PzKpfw1B(SdKfz 265)型坦克/指挥车。

→党卫军一路上高歌猛进，把防线上的盟军都摔在了后面，是导致盟军防线崩溃的重要原因。

恕，让他们取得了整个战争史上都少见的一系列的成功。

正是在这关键的时候，5月26日，希特勒却命令他的装甲师停止进攻。他们在原地停留了两天之久，甚至在接下来的8天时间里，他们也没有重新开始进攻。这在后来被证明是一个致命的错误，甚至最终让希特勒付出了整场战争失败的代价，但这背后的原因在当时也似乎是正确的。

希特勒知道应该为即将对巴黎发起的进攻保留足够的装甲。德国空军司令、爱吹牛的赫尔曼·戈林，向希特勒保证帝国空军可以阻止英军的任何撤退行动。当然，在这时，德国空军还没有遇到过真正的对手。希特勒和戈林都没有意识到，正是英国皇家空军将成为第一支和德国空军一样优异的对手。

敦刻尔克撤退的行动代号为"发电机方案"，由海军上将拉姆赛指挥实施。这是真正危险的任务。皇家海军被迫把船只开到浅水中去，以使得登船梯不至于太高，而德国空军正在天上狂轰滥炸。

人们对皇家海军能成功地找到多少士兵并运回英国有各种各样的估计，但官员们相信，不会超过5万人。当统计数字出来时，可真称得上是一个奇迹。

自5月26日到6月3日，总共有338226名英法军人被安全地送过了英吉利海峡。其中有十多万人为法国人，最终这些法国人都或早或晚地返回到法国，继续以高昂的斗志抵抗德军的占领，尽管

↓隆美尔第7装甲师的第6和第7步兵团以及第7摩托车团在法国的乡村进军。他们的司令官惊讶地发现法国在快被打败时仍在顽强地抵抗。

↑英国小报《新闻编年》关注历史上最重要的政治事件。由于丘吉尔激动人心的演说中把军队称为中流砥柱，这份报纸于是开始把英国远征军在法国绝对的失败改称为敦刻尔克大撤退的"奇迹"。

↓德军PzKpfw1B(SdKfz101)型坦克。

这在当时看来没有任何希望。

法国的沦陷

6月5日，德军坦克再次发动起来。新的盟军阵地，被称为魏刚防线，匆匆忙忙地建立起来。尽管这是魏刚最后的机会，他却没能利用好有限的资源。

比利时人、荷兰人，更重要的，是英国人全都退出了战斗，法军也损失了三分之一的兵力。

尽管法国人绝望地请求丘吉尔动用皇家空军去打击德国人，但是在皇家空军司令休·道丁将军严厉的警告后，为了保证英国的防御力量，丘吉尔拒绝了法国人。

在德国人的胜利和法军崩溃的情况下，英法的联合不可避免地走到了尽头。德军一占领法国的首都，法国政府的领导人们就开始接受和谈的想法，他们觉得法国应该和德国缔结一个单独的和约，哪怕这一和约违背了他们跟英国的联盟合约也在所不惜。丘吉尔试图把美国拉进盟国一边以反对法国的投降主义。他希望这样能使法国坚持战斗，但美国总统罗斯福不愿意接受这一点，他告诉丘吉尔，美国要保持中立。6月16日，丘吉尔甚至建议成立一个法英联盟，这样两个国家变成一个，公民身份也都相同。但法国人还是不愿意这样做。

早在1904年，为反对共同的敌人德国，英法两国走到一起，达成政府间的谅解；而在这以前，两国是长达7个世纪的传统意义上的敌对国家。现在到了1940年，这种两国间的敌意仍然残留着，法国人不会去跟他们以前的敌人寻求身份认同，他们要自己决定自己的命运。

同时，6月14日，德国士兵已经以胜利者的姿态进入巴黎，围观的人群中，尽管有人麻木了，还是有很多人流下了悲哀、羞辱、仇恨的泪水。但是，可怕的是，这只是法国一周之间失败的顶点而已。6月10日，法国政府逃离了巴黎，同一天，希特勒的盟友本尼托·墨索里尼带着意大利人站到纳粹一边参战。墨索里尼多次告诉希特勒，在1943年前，意大利不可能卷入一场大的欧洲战场中去，但他现在担心再不进入战场趁火打劫，他就永远不能实现他的梦想了，他要建立一个新的罗马帝国，并把整个地中海变成一个"意大利湖"。墨索里尼也让希特勒确信他们将赢得战争，赢家已经确定了。

第二天，即6月11日，挪威投降，成了第7个向纳粹屈服的国家。

第8个国家马上也来了。

内阁多数人不愿意继续打仗，雷诺总理因此辞职，6月17日，菲利浦·贝当公开跟德国人商谈和平。到6月22日，双方达成和平协议，法国从此退出了战争。

←德军攻占炮火冲天的鲁昂。

←士兵成为观光客。一名德国军官在一个巴黎旧书摊前搜寻便宜货。

→巴黎人羞愧地望着希特勒的军队进入法国的首都。丘吉尔本来指望法国人会在首都跟德军展开巷战以消耗德军，但为避免这个城市遭到破坏，法军决定一枪不发从首都撤出。

上了年纪的贝当元帅以为自己挽回了法国的面子，但实际上和约只让法国继续作为一个主权国家存在，虽然被允许保留海外殖民地，却被要求在南部成立由贝当领导的名义上的法国政府，北方完全由德国占领。贝当把他的政府建立在维希城的温泉区，维希也因此成了法国政府的名字，维希政府和纳粹协作。

这极大地激起了一位年轻人的愤怒，虽然直到那时他还是一个不知名的法国军官。夏尔·戴高乐逃到了英国。6月18日，他在伦敦发表广播演说，要求法国人抵抗纳粹，并邀请所有法国人参加他的自由法国军队。英国现在成了另一支流亡者的避难所，尽管戴高乐充满激情，要求抵抗，

↑贝当元帅(左)跟希特勒(右)握手，开始了跟纳粹德国四年的合作。

↓德国Pzb 39反坦克步枪。它的枪口安装了"施塞斯贝克尔"榴弹发射器的发射罩。这种武器发射的榴弹类型较多，其中有小型的空心装药反坦克榴弹(见剖视图)。

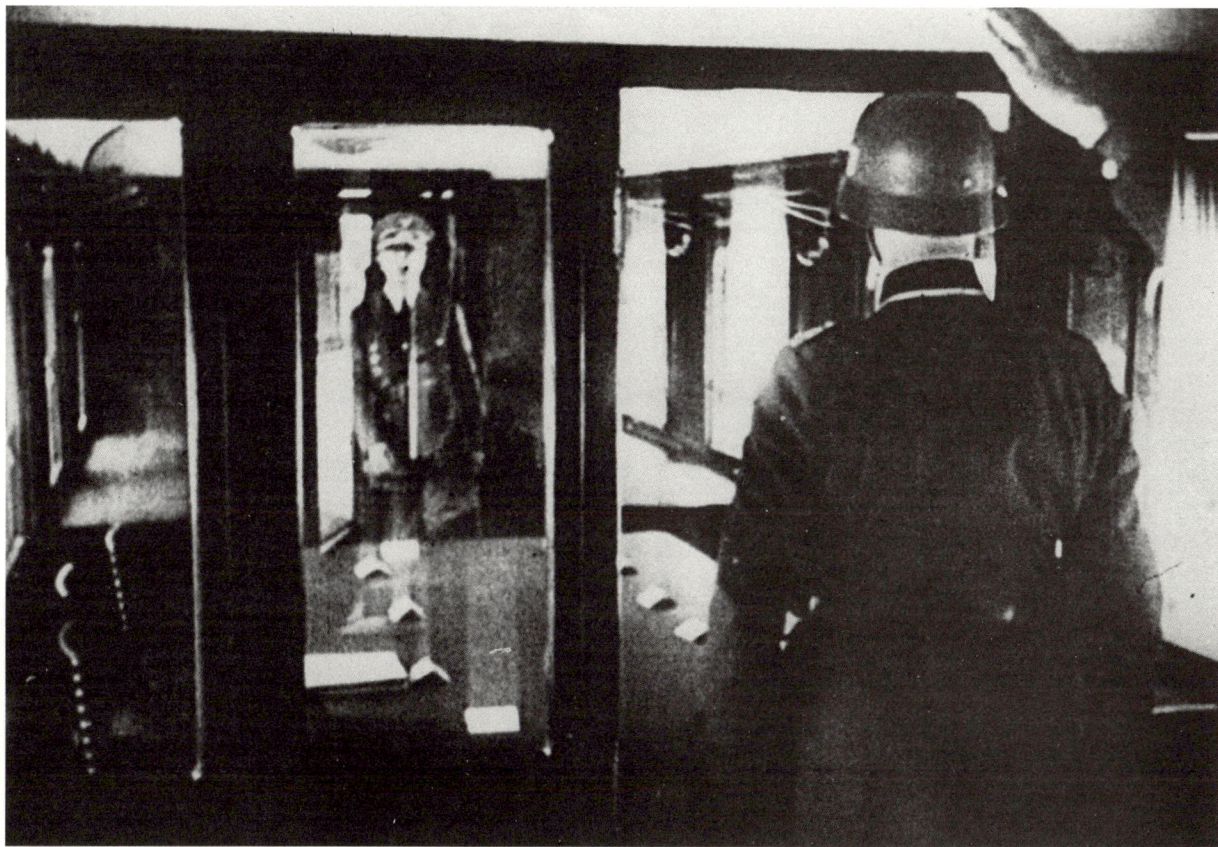

←希特勒站在贡比涅森林附近的火车车厢里，贡比涅森林是第一次世界大战德国战败签订停战协定的地方。1940年，希特勒特意选择这里，由德国将军凯特尔向法国政府代表团宣布带有羞辱性条件的法国投降协定。

事实上他的祖国面对征服者已经屈服。英国现在要独自面对强大而凶残的纳粹德国。

←被法国人寄予厚望的马其诺防线，最终成为葬送法国人的重要原因

→停战协议签订后，希特勒
来到法国首都。他离开时
说："我有幸看到了这个气
氛总是让我心驰神往的城
市。"

↓一张纳粹宣传海报说：
"你可以拥有劳动营的钥
匙，法国的俘虏将为德国工
作。"如果法国人不愿为纳
粹工作，他们被抓到德国去
的亲人将再也不会回家。

VOUS AVEZ LA CLEF DES CAMPS
Travailleurs français
VOUS LIBEREZ LES PRISONNIERS
EN TRAVAILLANT EN ALLEMAGNE

↓德军III型喷火坦克。

↓德军41型火焰喷射器。图中是在战斗中
使用的场景。

第五章 英伦空战

海狮计划

　　法国退出战争后，世界上就只剩下英国和他们的帝国自治领地独自跟纳粹作战。这一局面持续了一年之久，在那段日子里，英德对抗的最终结果，或者可以说，整个世界的未来都取决于英国是否有能力抵抗纳粹。

　　同样，法国沦陷后的那段时间对英国的民心和士气来说也是极为关键的。

　　在抵抗纳粹的主张变得越来越强烈的过程中，温斯顿·丘吉尔开始成为抵抗的象征，他把战斗到底的信念传达给大多数民众。此时有一些位高权重的英国人还相信跟希特勒讲和是唯一可行的选择，这些人中有哈利法克斯勋爵，以及第一次世界大战期间的首相、自由党的大卫·劳合·乔治。他们认为法国已被纳粹占领，而美国仍不愿介入，那么英国想打赢这场仗是不太可能的。这样，和平就成了唯一的出路。这种态度也获得了部分英国远征军人的共鸣，他们在德军的追赶下好不容易才从法国逃命回来，在很多时候

↓ Bf 110战斗机正在飞往英国上空。

↓德军PzKpfw4(SdKfz 161)型
H式坦克。

他们几乎就要葬身大海，那可是不带任何夸张的说法。有了这种心惊胆战的体验，某些人确信，英国无法跟这种魔鬼般的占优势的敌人交战，他们还相信，英国没有什么力量可以打击敌人。他们在从法国撤退时，已经把所有的重武器毁掉了，从卡车、坦克到布伦式运输车，通通都毁掉了。

现在英军只有很少的装备，连重机枪这样的武器都很缺乏。大家议论纷纷，有人肯定地说，如果德军入侵英国，他们消灭英军就会像用刀切黄油那样简单。

一些外部的观察家们也确信，英国胜利的机会不大。美国驻英国大使约瑟夫·肯尼迪告诉罗斯福总统说，这个国家很快就会失败。而希特勒也认为踏平英国这件事只有傻子才看不出来。

但是英国政府却对希特勒的和平建议不屑一顾。对希特勒来说，他恩赐给英国的和平机会不会出现第二次了。他于1940年7月16日命令着手准备入侵英国，代号为"海狮"计划。

尽管局势令人沮丧，英国人却仍有一道至关

→1940年夏天，为准备入侵
英国，党卫军把大炮拖到驳
船上去。在没有取得制空权
情况下，这些人和他们的船
只在英吉利海峡对岸就成了
旱鸭子，不可能渡过海峡。
皇家空军守卫下的英国暂时
安然无恙。

↑希特勒和他的将军们视察英吉利海峡。法国已在6月底投降，希特勒希望在9月底入侵英国。后来证实这是不可能实现的任务。

↓德军PzKpfw3(SdKfz 141)型J式坦克。

重要的防线——英吉利海峡，它在过去不止一次地帮助英国人免受侵扰。这道防线也许很窄，但它那变化无常的天气却像一道巨大的屏障，与此同时还有两个重大障碍挡住德军的前进之路：皇家空军和皇家海军。除非德国人可以粉碎皇家空军，赢得制空权，然后再压制海军，否则对英国的入侵就没什么希望。希特勒把这一任务交给了他的副手、德国空军司令赫尔曼·戈林。

但是德国陆军和海军对希特勒的计划却不太热心。

德国海军还没有从它入侵挪威遭受的创伤里恢复过来，陆军也缺少全面进攻所必要的准备。

但是虚荣的戈林却对自己将要打垮英国信心十足。他的自信是否夸大当然是很容易看出来的。在以前，戈林的空军也担负了重要的作战任务，它证明了自己在德军进攻波兰、挪威和西欧时是一支极其重要的攻击力量。但是现在戈林觉得空军可以由以前的辅助性和支援性的战术角色改为扮演战略角色来实现一个德国空军以前从未达到的成就，那就是不用陆军，也不用海军，就能摧毁敌人，创造完全属于空军自己的战绩。

戈林这样想这样说当然比做起来轻巧得多。空战一开始时的战略战术应该说也还正确，德国空军在和时间赛跑。

机炮武器装备

在早期"喷火"式飞机的作战生涯中，人们注意到了其机载勃朗宁机枪火力不够强大的缺陷。这一不足通过在"喷火"式Mk IB、IIB和VB型飞机上安装2门20毫米的西斯巴诺（Hispano）机炮和4挺机枪得到了改善。由于采用了"通用"的C形机翼，使得"喷火"式飞机可以武装4门西斯巴诺机炮，并且每门机炮可以带120发炮弹的弹药箱。这种强大的机载武器，再加上可观的载弹量，尤其当与切梢机翼组合在一起（改进了飞机的低空机动性）时，就使得"喷火" Mk VC飞机成为了一架强有力的战斗轰炸机。虽然一些安装了切梢机翼的Mk VB和VC型飞机被交付到中东地区，但是有很多被第103维护组在现场上进行了改进，做过这样更改后的飞机采用了木制的翼尖整流罩，这种整流罩要比安装在英国基地飞机上的造型稍微更圆。除了进行这些更改活动（包括各类非标准的武器装备配置）之外，维护组每月还负责修复140架飞机。

"喷火"式战斗机

不管是否公正，"喷火"式战斗机为很多人所信赖，大多数人甚至认为是这种飞机赢得了不列颠大空战，尽管另一种不大有魅力的"猎鹰-飓风"式战斗机实际上击落了更多的德国飞机。

但是人们对"喷火"式战斗机的印象更为深刻。

"喷火"式战斗机的一切看起来都浪漫，从它符合空气动力学的流线型设计，到它那为制造这种飞机一直到生命最后一刻的设计者米切尔。

它很适合勇敢的年轻人在1940年驾驶。

"喷火"式战斗机在当时有着出色的机动性能和速度，1030匹马力的发动机，最高时速可达到360英里。有8架勃朗宁0.303英寸口径的机枪，可以轻易地追上速度慢的德国轰炸机并将其击落。1940年，不列颠大空战中，"喷火"式战斗机守卫了三分之一的防线。

↑ "喷火"战斗机——英国抵抗纳粹入侵的主力。

伞就只能做战俘了。

更为致命的是，德国空军没有一个全面的摧毁或重创英国的战略。在不列颠空战的整个进程中，德国最高统帅部不断地变更目标和优先权。从打击航运、打击机场，到轰炸工厂，最后又确定为重点轰炸伦敦的平民。这种不断的变更战略目标正是致命的错误。实际上摧毁皇家空军才是德国空军真正需要做的事。但是，他们企图打击英国人的士气，制造恐怖气氛以迫使英国人屈服。但英国人的神经从未崩溃过。如果说有什么效果的话，那么轰炸也只是增强了他们抵抗的决心。

此外，德国空军不断变化的战术也给了英国人至关重要的喘息的空间。对纳粹来说，这个岛国看起来是一个静止不动的目标，目标的范围很广，也包括英国人在内。不过，英国人却决心要生存下去。德国人的打击面这么广是一个致命的缺陷，这一缺陷又因为很多战略性的失误而放大了。不管他们有什么优势，他们都轻易地放弃了。

最初的小规模空战于7月中旬在英吉利海峡上空展开，戈林有两个月的时间，他的兵力对英军具有绝对优势。但是到了9月15日，他要击垮皇家空军，那是希特勒提出入侵准备完成的时间。

德国空军要想取胜就要克服一些极为严重的缺陷。因为它以前的角色一直是战术支援空军，因此缺少可以对英国人的防线和军事工业造成致命打击的重磅炸弹和大型战略轰炸机群。英国人是在自己的领空作战，他们可以在战区内飞行较长的时间。如果被击落，飞行员们可以跳伞，休息后再度战斗。但德军飞行员如果被击落后跳

↓ 德军PzKpfw5(SdKfz171)型A式"黑豹"坦克。

"海狮"计划

格劳塞斯特　　　圣阿巴斯　　马尔顿　　北海

牛津

伦敦　　　　　　　　　　　　　谢尔德湾

布里斯托尔　　　　　　　　　　　　罗切斯特　拉姆斯盖特

英国　　　　　　　　　　雷盖特　福克斯顿　多佛尔　　奥斯坦德

比利时

南安普顿　朴茨茅斯　布赖顿　贝克斯希尔　　　　敦刻尔克

莱姆里吉斯　　　　　　　怀特岛　　伊斯特本　　布洛涅　加来

温特纳

法国

A集团军群

勒阿弗尔

车尔堡

海峡群岛

B集团军群

空运登陆点

第一集团军占领的前沿区

第一目标区线

第二目标区线

0　　英里　　60

0　　公里　　100

↓休·道丁爵士，沉静、严肃而杰出的皇家空军战斗机司令部司令官，他在英国保卫战中起了很大的作用。

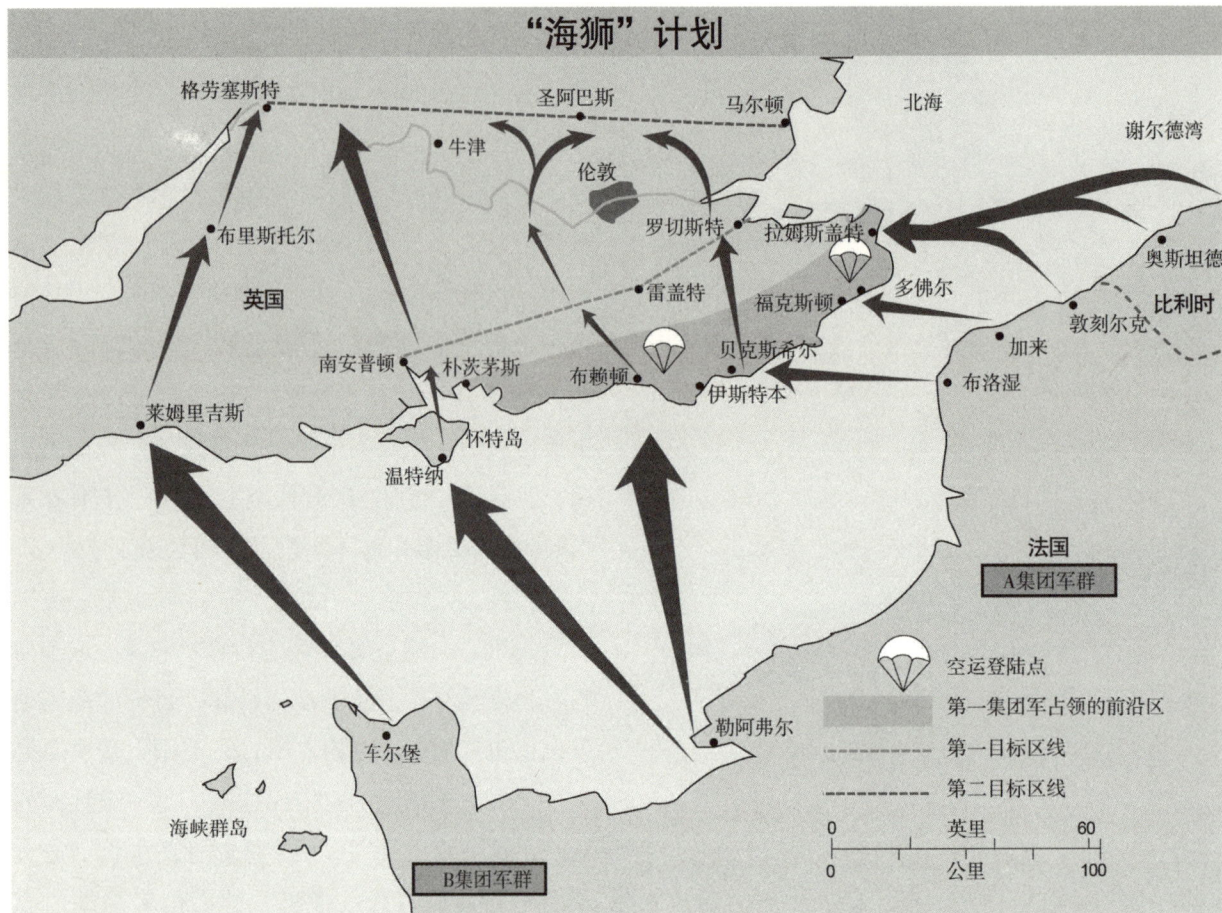

不过，1940年的夏天对英国来说仍是危险的日子。那是一个美丽、清澈、温热的夏天，却因为有着不间断的空战，对英国人来说也就变成了极为阴云笼罩的夏天。

负责组织皇家空军防御的艰巨任务由空军元帅、皇家空军司令休·道丁勋爵负责，没有人比他更适合这一任务了。

他严谨可靠的优点和戈林的自负自夸一样明显。他在四年时间里一直准备英国的空防，也正是为了防止外敌入侵。利用最新的技术，英国沿着海岸从最北边的奥康尼到最南边的康沃尔建立了雷达防空系统，雷达站和地面防空观察人员一起，一旦发现敌机马上报告，严阵以待的战机就起飞拦截。雷达也弥补了皇家空军人机短缺的劣

梅塞施米特 Bf 109 战斗机

在不列颠大空战中，梅塞施米特战斗机是"喷火"战斗机的主要对手。事实上，它也是战争中最经常出现的德国战斗机。作为战斗机，Bf 109至少跟"喷火"战斗机一样出色，但是它有几处关键性的弱点，包括机翼设计和座舱视野不够开阔等。

1940年夏天的大多数关键之战在英国南部上空展开，Bf 109的作战航程限制使它尽可能缩短在敌国领土上的飞行时间。它在战斗中的主要任务是为亨克尔轰炸机和道尼尔轰炸机护航。因此配备了两架7.92毫米的机枪和两架20毫米的机炮，1100匹马力的戴姆勒·奔驰发动机使其时速最高可达354英里。

↑梅塞施米特式战斗机BF109——喷火战斗机的对手。

势。这在后来被证明是非常关键的。

英国也幸运地拥有最新的飓风式和喷火式战斗机。

1939年，皇家空军的"飓风"和"喷火"战斗机有了一定的规模。不过在法国之战以及在敦刻尔克大撤退掩护英国远征军时，这两种战机都

←《伦敦佬的心脏》——《伦敦晚报》卡通。

←看天取代了板球成为当年英国全国夏季最常见的活动。1940年夏天，皇家空军和德国空军的空中大战。

→童子军尽可能为国家节约资源。英国在战时被封锁得非常严重，这些童子军收集废纸在一定程度上缓解了美英大西洋货运的压力。

→孩子们装沙袋防空袭。

↓德军PzKpfw6型"虎"式坦克。

损失了不少。温斯顿·丘吉尔意识到英国的未来有赖于足够多的战机来击退纳粹的进攻，就把制造飞机的任务交给了比弗布鲁克勋爵，此人是加拿大的报纸出版商，和丘吉尔有着不同的政见。在比弗布鲁克古怪的管理下，家庭主妇们也响应号召把她们的铝壶、盘子捐助出来作为战机的材料。结果是让人称奇的，在战争最危急的时候，道丁也从未缺少过战斗机。英国的飞机生产远远超过了德国。事实上，在英国之战后，道丁有着比战前更多的飞机。真正的困难在于英国缺少训练有素和富有经验的飞行员。

在集中力量打击了海峡上的英国货运后，戈林把注意力转向摧毁英国的战斗机总部。作为一个典型自大的人，他认为可以摧毁皇家空军。

1940年8月13日，代号为"鹰日"的行动开始。接下来的一周内，德国空军的梅塞施米特Bf 109战斗机和稍微缺少机动性的110式战机，掩护着道尼尔和亨克尔轰炸机，企图使皇家空军屈服。但是这场大规模的空战并没有多少成果，皇家空军付出了一些代价，却迫使戈林改变了战略。道丁则太想保存力量，他不让战斗机和德军战斗机正面较量，相反，他命令他们攻击更脆弱的德军轰炸机。

看到这一情况，戈林决定把目标转移到英国人肯定要保卫的地方。他选中了皇家空军的飞机场。

8月24日到9月6日期间，德国人几乎胜利在望。这两周内，道丁的第一线作战飞机从未低于600架。可是虽然他小心翼翼，但损失还是远比预计大得多，他的最有经验的飞行员或死或残。为了应付紧急状态，新的飞行员训练时间由原来的六个月缩短为六个星期。有些年轻人在上战场前甚至从没开过枪。从8月份大规模的空战开始时起，为对付德军大规模的机群，英军飞行员每天几乎都有一半在天上飞。

这种新形式的战争给英国的空战带来了前所未有的速度和节奏。

战斗机的最高时速高达360英里，这对飞行员素质要求很高。他们要保持开阔的视野，做出闪电般的快速反应。成功击落敌机大多数都发生在非常近的距离内，经常不到100米，而且弹药只够在很短的时间内打击敌人，"喷火"式的弹药只够射击14分钟。德国的Bf 109战机则更短一些。双方的飞机每次在空中也只能停留一个小时多一点，在从法国的基地起飞后，Bf 109到英国南部的上空参战时间不会超过30分钟。双方的飞行员一天里要多次执行任务。过度的疲劳和紧张也几乎是不可忍受的。英国的一些飞行员在被击落跳伞后回到基地，常常会马上驾驶一架新飞机参加战斗。

"喷火"式战斗机和梅塞施米特战斗机也都获得了传奇式的名声，就像中世纪的勇士们在马

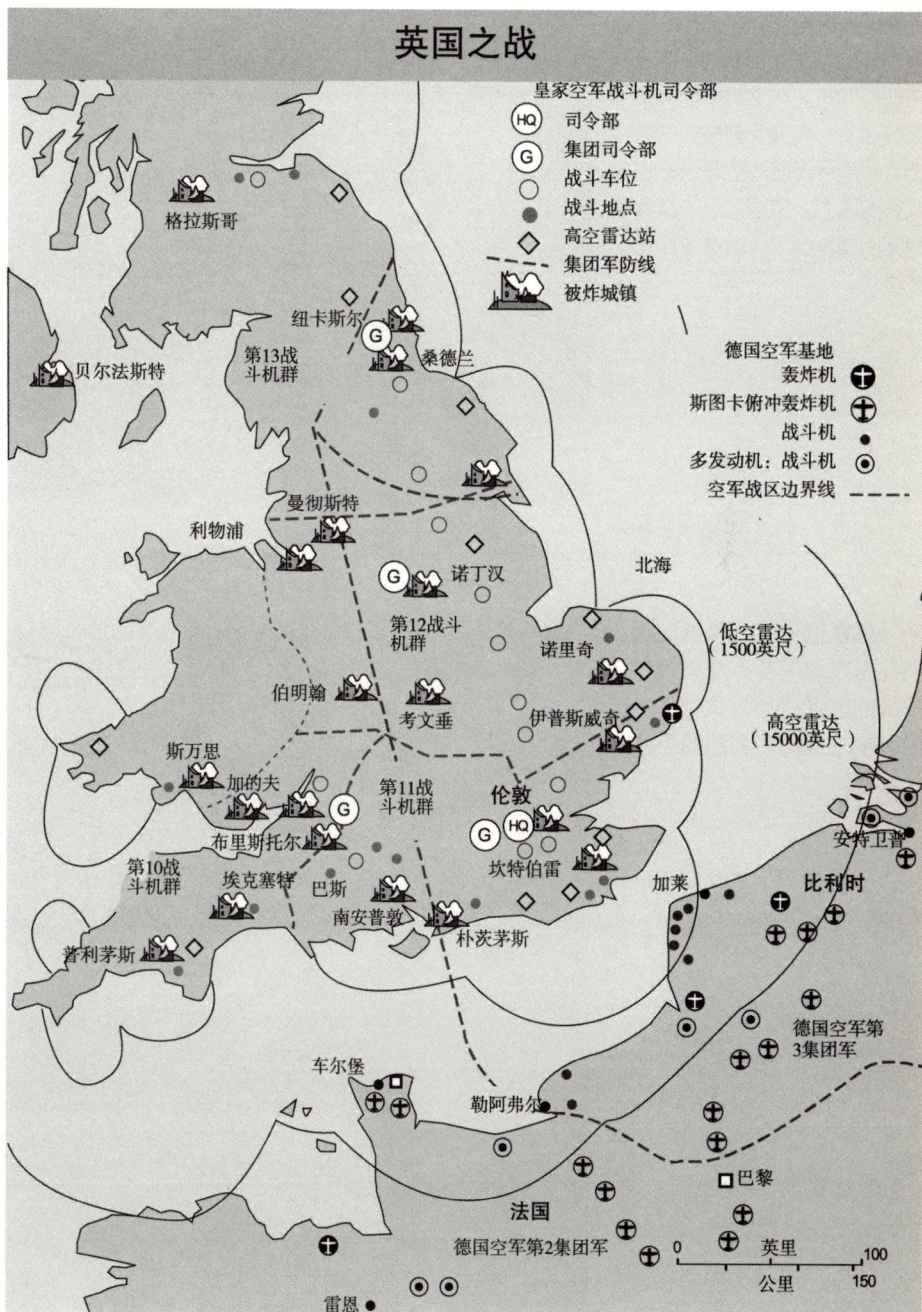

英国之战

皇家空军战斗机司令部
HQ 司令部
G 集团司令部
○ 战斗车位
○ 战斗地点
● 高空雷达站
◇ 集团军防线
被炸城镇

德国空军基地
轰炸机 ✛
斯图卡俯冲轰炸机 ✛
战斗机 ●
多发动机：战斗机 ◉
空军战区边界线

→救援人员把伤员从碎石堆中救出来。就在几分钟前那还是他们的家。在希特勒对英国轰炸期间，英国受到很大的打击，但是尽管夜间空袭带来了紧张的压力，官方记录的精神病案例却减少了，自杀事件也减少了。

→一名皇家空军战斗机飞行员很惬意地理发。在英国保卫战的紧张时刻，执行任务间隙能抽支烟、刮刮胡子很是难得。

上的战斗一样，现在挑战的场地换成了在空中。

飞行员们个个都是英雄。在阳光充足的机场上，这些年轻人坐在椅子里，对生与死显得漠不关心，他们读报、打牌、讲笑话，但也许几分钟内，他们会跳进座舱，战机呼啸着飞上天空。双方的飞行员们都没有忘记自己严酷的命运，一个要求生，另一个要征服。

在英国南部，人们在田野里或街道上都无法观察到两军的空中混战。但在1940年那个格外清晰和阳光明媚的夏天，人们知道，一如他们看到了两边的战机在空中的踪迹，在美丽的蓝天上的火焰让他们猜想出战况和国家的命运。

很显然戈林没有多少耐心，他迫切希望战斗有一个结果，尽管他的战术看起来似乎取得了成功，但还没有得到他极力想要的结果。德国情报部门过于乐观的消息使得戈林相信，皇家空军遭受了重大的打击，已经没有多少飞机可以用于战斗了。这个错误的判断，使戈林以为再来一次更大的打击就可以让英国人完全屈服，所以他再次改变了打击目标。

9月7日，数百架德国轰炸机同护卫战斗机一起，飞向伦敦，而皇家空军还以重兵防守着他们的机场。这样，德国的炸弹几乎没受任何阻碍就落到英国的首都头顶上。

伦敦之战开始了。

那个明亮的、阳光灿烂的周日下午，德国人几乎直接向伦敦的码头投弹。他们不停地轰炸，直到第二天早上。第一轮轰炸投掷的是燃烧弹，轰炸机飞过之处，所有的建筑都燃烧起来。战斗机司令部没有准确地获知德军的轰炸目标，而整个伦敦只有92门防空炮来应对这场灾难，400多人遇难。码头上的火焰极为猛烈，一个消防官员告诉上司说："请把你所有的工具都调来灭火——全世界都在火中流血！"

在接下来的76天夜里，伦敦一次又一次地遭受了轰炸。

下一个星期天，即9月15日，英国大空战达到高潮。那一天，据BBC的说法，185架德国飞机在伦敦上空被击落。那一天，在伦敦西北15英里的米德尔塞克斯郡的奥克斯布里奇，皇家空军战斗机第11大队总部，温斯顿·丘吉尔也在地图上看到了德军攻击的记录。

在伦敦和英国南部的战斗期间，当所有可用的空军部队都投入了战斗之时，丘吉尔以紧张的心情注视着战况。他知道，他们没有什么预备部队了。不过，尽管皇家空军到了崩溃的边缘，德国空军也遭受了重大的损失，更重要的是，当看到皇家空军还有大批的数量可怕的飞机在天空中迎战时，他们大为震惊。对德国人来说，很明显，皇家空军还没有完蛋，德国的情报部门大错特错了。

更糟的是，德国人一直想取得英国的制空权的努力失败了。没有至关重要的空中优势，要想入侵英国就是难上加难。

温斯顿·丘吉尔

1940年5月10日，当温斯顿·丘吉尔成为英国首相时，他已经64岁了。也就是在当天，纳粹入侵西欧。

丘吉尔自从1900年进入国会以来，经历了漫长而多变的政治生涯。他在1911—1915年期间担任海军第一大臣，在1924—1929年期间担任财政大臣。这以后，在长达十年的时间里他很不得志，因为他坚持不懈地提醒人们要注意纳粹德国的威胁，因此他被人贴上了"好战分子"的标签。1939年大战爆发时，丘吉尔重返内阁，再次担任海军第一大臣。在英国面临历史上最为危急的关头时，他被任命为首相。

丘吉尔后来回忆说，他感到自己的整个一生都在为迎接这一最为重大的挑战作准备。

作为一场战争中国家的领导者，尽管在和平年代里，这个国家缺乏效率和实力，但是丘吉尔却以自己的热情和忠诚，领导英国在1940年增强了抵抗希特勒的决心，在那个时候，很多有理性的分析都以为面对希特勒，英国只有投降求和这一条路了。但丘吉尔不是只有理性的政治家，他浪漫，多愁善感，对民主制度和大英帝国忠心耿耿，这些使得他对英国最终获胜有着不可动摇的信念，无论未来的路看起来多么灰暗和恐怖，他都不怕。他给英国人民最好的礼物，是他演讲中对战争局势分析和判断时的强大的感染力，是他在演讲时表现出的信心和乐观精神并且把这些传达给英国人民。他引用莎士比亚的诗篇，他那打动人心的激情，勇敢、豪迈而又不失机智和幽默都深深地感动了英国人，并唤起他们巨大的努力来投入战争。无论是人们的处境较好，还是当人们面临最困难最黑暗的时刻，他都能鼓舞人们的斗志。在法国沦陷后整整一年里的时间里，他正是这样激励着被围困的英国独自同纳粹战斗。

←丘吉尔面对纳粹的威胁显示了不屈不挠的决心。

→1940年9月16日《镜报》。头版大标题为《炸弹击中了女王的宫殿》。

9月17日，希特勒把入侵英国的行动延期，具体时间"待定"。

即使如此，德国人也没有完成什么奇袭英国的目的，尽管德国空军在白天总是能够目中无人地对付皇家空军，但到了夜晚他们却不再感到安全。

闪电战

第一次世界大战期间英国就遭受过齐柏林飞艇的空袭，那种经验尽管空前可怕，却也极为有限。而现在，德国"闪电战"在整个英国历史上前所未有地把普通民众带进了战争前沿，对英国城镇的轰炸空袭意味着战争现在强行闯入了普通市民的家里，人们一度以为安全的地方如今不再可靠了。

但英国民众对此没有束手待毙。在大空战中，公众或帮忙，或实际加入战斗，对空袭进行观测报警、参加空袭后的救护巡逻，等等，甚至工程师有人专门处理未爆炸弹。

闪电战是对英国民众严酷的考验。他们再没有像以前经常被描述的那样愉快，他们也少有微笑。他们害怕、沮丧，神经被折磨和撕裂。

在空袭期间，英国人建了200万座以上掩蔽所，这些掩蔽所比较坚固，位置高出地面之上，自由分布在公园里和街道上，供每一个家庭使用。但是有些人从未使用属于他们自己的掩蔽所，他们宁愿待在家里。在伦敦，地铁被当作一个更深和更大的掩体。虽然政府从未这么考虑过，但人们钻进去，很有纪律地睡在月台上，那里都有他们自己划定的铺位。可是很多人悲哀地发现，当他们第二天从地铁里钻出来时，他们的家、他们的街道已经成了碎石瓦片和浓烟滚滚的地方，那些巡逻救护队员们正怀着一丝希望努力从残垣断壁里寻找幸存的人。铁路桥下坚固的地方也是一个很好的掩蔽所，不过总的说来掩蔽所还是有不少缺点，地下的卫生设施不好，大部分公共掩蔽所都很糟糕。

尽管伦敦是"闪电战"的主要攻击目标，但是其他很多港口和工业中心也同样遭到了轰炸，如南安普顿、朴次茅斯、伯明翰、邓迪、舍弗尔德、利物浦、曼彻斯特、克里迪般和格拉斯哥。

不过，这些地方远没有1940年11月14日夜里英国的大都市考文垂经受的空袭严重。

那天夜里，500架德国轰炸机轰炸了工业中心考文垂。他们的目标是这个城镇的工业、军事和航空制造设施。德国的新闻机构吹嘘说，这次空袭在"整个战争史上都是最为严重的"。500多人被炸死，军工生产被毁，几个月后才得以恢复。中世纪的名城考文垂的中心地带，包括它那漂亮的14世纪建起的大教堂，全都被毁掉了，整个城市几乎成了废墟，数千人一夜之间失去了家园。这次空袭给语言学增加了一个新的词汇：考文垂式轰炸，或全面摧毁。

对一个城市里集中进行大规模轰炸很是打击民众的心理。考文垂是一个不很大的地方，每个人都会说对遇害者中的某一个人很熟悉。生意被毁了，电话线被炸得七零八碎，交通还在但已经毫无用处，食物配给也不得不放弃。

但德国人在这成功的接下来的下一个晚上却失败了。因为他们把注意力又转到别处去了。

尽管考文垂经受了严重的灾难，但跟战争期间很多情形一样，德国人没有持续不断地进行毁灭性打击。

即便如此，对考文垂的大轰炸和大量平民伤亡仍然让英国民众震惊不已。但是，随着战争的延续，人们更显得久经考验，同时也见证了更多的牺牲，人们逐渐地麻木了，考文垂的毁灭与人们感受到的各种其他恐怖一样最终变得苍白从而慢慢失去了意义。不仅英国人如此，1945年皇家空军报复性地对德累斯顿进行毁灭性轰炸，一万多德国平民被空军元帅阿瑟爵士派出的轰炸机炸死，空军指挥官哈里斯相信，只要把德国人全炸完了就能够赢得战争。

幸运的是，"闪电战"的威力有限，当伦敦人和其他地方的人不再对黑夜感到害怕，人们不再想自己，或他们的家人，或他们的家在第二天早上是否还存在，这时，"闪电战"的作用就到了尽头。1941年的初夏，"闪电战"就几乎接近了尾声，原因是，希特勒又找上了另外的牺牲品。那时他开始考虑怎样占领苏联。

↓一辆伦敦的双层公共汽车掉进了一个大坑，那是空袭命中伦敦南部巴尔汉姆的地铁造成的。很多英国人把地铁站当作自己的避难所，但在空袭中仍有600多人伤亡。

→丘吉尔成为英国人"猛犬精神"的典型。无论付出了什么代价，英国不会向纳粹低头。

HOLDING THE LINE!

↑伦敦人在首都地铁里躲避空袭。地铁在最初设计时曾规定不得在战时用作掩体。但是，在居民的压力下，地铁在空袭中开放了，尽管有官员担心有人可能再也不会返回地面了。

↓1941年春，墨索里尼陷入了严重的巴尔干半岛战争困境，需要希特勒的军队和飞机去帮助他渡过难关。

→考文垂的黑夜突然变成了白昼，500架轰炸机扔下全部炸弹，摧毁了这个城市，导致500人死亡。

←伦敦的医院被袭击过三次，最后被迫把病人疏散。很多英国红十字会的志愿者们不久前还是平民，他们在1940年的秋天和冬天接受了战火的洗礼。

←更舒适更安全。一个婴儿舒舒服服地待在他的全封闭的防毒罩里。

→ 尝到了战争的滋味？德国士兵进军海峡群岛，这是第二次世界大战时期英国唯一一块让纳粹占领的国土。群岛离法国比离英国本土更近，法国沦陷后，英国宣布海峡群岛为"非军事区"，它一直为德国人所控制直到欧战胜利。

←莫里森掩体。取名于政府秘书赫伯特·莫里森。这种室内掩体在家被炸后仍有很好的保护作用。边上是铁丝网，顶部是钢板，非常牢固。

大英帝国

↑ 一个英国的印度军团的战士开小差，他加入了日本人资助的印度国民军。

↑ 澳新军团的将士们离开墨尔本，横渡大洋，加入大英帝国的战争。

大英帝国的光荣早已过去了，它曾是世界上已知的有着最大的海外领地的大帝国。19世纪末，那时的它统治着世界四分之一的土地和人口。人们称它为"日不落"帝国，这也是它的光荣顶点。

第二次世界大战期间，尽管英国的全盛时期已过，但它仍有着强大的力量，并充分利用这个巨大帝国的人力和资源。这是因为大多数帝国领土处于纳粹德国和其他轴心国如日本和意大利尚无力触及的地方。要是军工制造业安排在新西兰的话，就可以完全避开敌国的攻击。加拿大也一样，在那里进行飞行员培训不用担心

有什么危险。1939年9月3日，英国对德宣战，加拿大、澳大利亚和新西兰马上紧跟着对德宣战，南非有一些犹豫，但进行一次投票后，同样参战了。这些大英帝国的自治领地在1914年的战争中也曾跟随英国参战，不过，到了1939年，他们的态度发生了些微变化。他们很希望从英国那里尽可能多地获得一些独立性，例如，澳大利亚还对1915年在加利波里上千人的澳新军团的命运颇有微词，他们认为这种牺牲比英国士兵们有更高的价值，他们对那场战事记忆犹新，因而对参战较为谨慎。

印度，在1757年后由于英国人的统

治而统一繁盛起来，则属于另一类型的参战国。这颗"帝国皇冠上的宝石"是英国最大的殖民地，英国的总督林利思戈侯爵在战争期间错误地把印度人的领袖莫罕达斯·甘地和潘迪特·尼赫鲁以及他们的家人关进了监狱，这导致了印度人普遍的憎恨。

在英国的空战中，很多飞行员是加拿大人，澳大利亚军团则在中东、亚洲和太平洋一带战功赫赫。印度军队在缅甸抗击日本。同样的支持也来自尼泊尔，尽管尼泊尔不是大英帝国的一员。

比起国内所发挥的战斗精神而言，大英帝国的自治领地给了英国更多的力量，但战争仍是极为残酷的。1942年新加坡落入日本人手中，印度发生的事件也让人民看到了英国脆弱的一面，它不像他们以前相信的那样强大。这使得那些早已存在的退出大英帝国的独立运动日趋发展。事实上，自1880年以来，印度国大党就一直为自由而努力，也许是巧合，1947年8月15日，印度和巴基斯坦成为最早获得独立的国家。这也是众多的分离和独立运动的开始，尽管这个大帝国后来变成了英联邦，它的很多成员也正是以前的殖民地。

第六章 入侵巴尔干

意大利的失利

1940年6月10日，意大利法西斯独裁者墨索里尼对法国宣战。在巴黎将要落于德国人之手时，墨索里尼想从他的轴心国同伴的成功里占点儿便宜。6月22日法国签订停战协定前一周，意军急急忙忙地向阿尔卑斯山附近的法国防线发动一场进攻。但等来的不是胜利而是灾难。

进攻的意军装备落后，没有任何战斗准备，不知道为什么要去打仗，也没有什么战斗训练和作战经验。完全是去送死。

在接下来的三年里，意大利军队会多次重复这样的战局，因为他们的领袖想仿效他的盟友阿道夫·希特勒取得的一连串令人惊羡的胜利。

自从1939年5月22日意大利和德国签订"钢铁盟约"以来，墨索里尼就想着要和希特勒一样取得成功，以保证共同主宰这个世界。在那三个月后，希特勒的军队就占领了波兰，1940年，又进攻了北欧和西欧。墨索里尼因此也计划入侵南斯拉夫和希腊。但是在这一问题上，希特勒警告他不要卷入极不稳定的巴尔干地区。

1940年6月，法国的投降意味着地中海地区的军事力量平衡的终结，此前这一地区一直由英法海军控制，而现在正是墨索里尼趁机扩大地盘的好时机。英国人不能确定法国地中海舰队是否保持对法国的维希政府的忠诚，他们希望法国海军上将达尔朗率军加入英国一边。

↑ 德军PzKpfw5(SdKfz 171)型A式"黑豹"坦克正视图。

但是达尔朗拒绝了英国人的建议，丘吉尔命令皇家海军司令坎宁安上将不要让法国舰队落入德国手中。在埃及的亚历山大港，法国的船只很顺利地被俘获，但在阿尔及利亚的凯比尔港，英军大炮攻击法国舰队的时候，除了一艘战列巡洋舰外，所有的舰只不是被打残就是被击沉了，另有1000多名法国水手丧生，英法关系也因此极为紧张。

英国对此很不情愿，丘吉尔向下议院宣布这一消息时潸然泪下。

法国军队和海军力量的撤离使地中海地区出现了一个军事力量真空，这正是意大利的机会。毫无疑问，现在墨索里尼在这个地区拥有最大的空军和海军力量，他的目的和野心也就理所当然了，他一直把地中海称为"我们的海"，希望借着一个机会完全独占。为了回应纳粹提出的"生存空间"理论，墨索里尼也时常谈谈意大利的生存空间的必要性。私下里，他的最大理想是要重建古代的罗马帝国。

在巴尔干，1939年阿尔巴尼亚已经被意大利占领。在北非，意大利控制了利比亚；在东非，意军1936年入侵了阿比西尼亚和厄立特里亚。墨索里尼现在想扩张他的版图。因为阿尔及利亚和突尼斯的法国人对他在利比亚的驻军不再构成威胁了，他信心十足地觉得可以把英国在非洲的势力范围夺到自己手里。

1940年9月2日，意军从利比亚越过边境入侵埃及，苏伊士运河仅有两个英国师守卫，而运河对英国和印度及远东的联系至关重要。英国的海外殖民地的人力和物资通过苏伊士运河运

贝尼托·墨索里尼

作为意大利法西斯党的创始人，贝尼托·墨索里尼于1922年成为意大利总理。当时，意大利还正在从第一次世界大战的影响中慢慢恢复，意大利人对其国内随处可见的贫穷和犯罪问题沮丧不已。墨索里尼先是把其他的政党宣布为非法，又发动起一场特殊的运动打击共产主义者，再利用他的秘密部队"黑衫党"清洗掉其他的敌人，从此，意大利变成了一个强大而统一的法西斯国家。墨索里尼梦想着建立一个范围广大的光荣帝国，1936年他入侵阿比西尼亚（即埃塞俄比亚）就是对世界挑战的开端，但当时的国联没有进行任何实际有效的抵制。这更鼓励了墨索里尼。

受墨索里尼爬上权力的顶峰的启示，希特勒也建立起自己的"褐衫党"并对墨索里尼的很多政策大加赞赏。到1936年德国和意大利组成轴心国时，两个领袖之间相对的地位发生了变化，希特勒的德国比意大利强大很多。1939年，两国关系更密切的"钢铁盟约"签订，意大利被带进了德国主导的第二次世界大战。

↑墨索里尼（左）

回国内，以保证英国作战所需。如果控制了运河，墨索里尼就可以切断英国的补给线，这一军事胜利可以给他带来"三百年来意大利一直寻求的光荣"。

于是，在格拉齐亚尼将军的指挥下，意军最初前进了60英里，占领了西迪巴拉尼，但尽管格拉齐亚尼宣称他正率领着"世界上最好的殖民军"，他们却没能再往前推进。

这次行动中，意军损失了3万人，而撤退的英军只有很小的伤亡。更重要的是，意军的补给线现在只是一条从的黎波里到埃及的很容易受到攻击的简易公路，而且太长了。

这时，地中海的控制权成为北非战役胜败的关键，皇家海军地中海舰队对意大利海军发动了一场大规模的突袭。1940年11月11日，皇家海军"光辉"号航空母舰上的21架"剑鱼"双翼攻击机用鱼雷攻击了停泊在塔兰托军港的意大利舰队。12架"剑鱼"飞机，每架携带了一枚鱼雷，其余的飞机外挂炸弹。他们在不到35英尺的距离上发动攻击，一个小时内摧毁了几乎一半的意大利军舰，而自己只损失了两架飞机，还有两架受伤。

塔兰托第一次世界大战，意大利海军在地中海的威胁性优势被彻底摧毁。

不久，英军对意军展开反攻。1940年12月初，英国夺回了西迪巴拉尼，俘虏了近4万意军。尽管英军只有3万人，但英军由英、印、澳三国军队组成，都受过较好的训练，比意军更机动灵活。

接下来的一个月里，他们攻占了利比亚的托卜鲁克，随后包围了在伯达弗姆的意大利第10集团军。如果当时韦维尔和奥康纳将军被允许继续向的黎波里推进的话，那么英国就会取得重大胜利，很有可能意味着北非战事的结束。对墨索里尼来说，在非洲的军事行动已经变成了一场大灾难。在阿比西尼亚，意军被南非和肯尼亚的军队攻击，最后在1941年5月20日投降。在地中海，海军几乎完全失去作战能力。墨索里尼的意大利光荣现在唯一的希望仅在巴尔干了。

←为击退意军的进攻，保卫亚历山大港而增援的英军。他们中的很多人也是第一次参加战斗。

↓进占利比亚的意军在架设高射炮。尽管意大利士兵在北非等地作战勇敢，但他们的指挥却差得要命，这导致了成千上万士兵白白送命。

↓保卫埃及就意味着保卫大英帝国。英、澳、印组成的部队驻守在苏伊士运河。在这里，来自英国南部斯塔福德郡的士兵攻占了埃及边境的阵地。

Bf 109K-4 飞机

　　III./JG 77和 III./JG 27是第一批重新装备Bf 109K-4飞机的部队，它们中装备的第一架飞机是在1944年8月离开生产线的。有关Bf 109K-4机型第一次作战记录的时间是在11月2日，当时，JG 27（第27战斗机联队）与盟军战斗机护航的轰炸机部队在莱比锡（Leipzig）附近遭遇。在随后进行的空战中，JG 27遭受了它在战争中的最大单日损失——损失了27名飞行员并有11名负伤。据其声称击毙了7名盟军飞行员——全部是"野马"（Mustangs）战斗机的飞行员。在当月的后期，其他的部队也陆续收到了Bf 109K-4机型，包括III./JG 3，III./JG 4，III./JG 26 和I./JG 27，到1945年1月1日，在德军对盟军机场实施空中攻击的命运多舛的"博登普拉特"行动计划实施当日，以下的战斗机部队也已经收到了该机型：II./JG 2，I./JG 4，IV./JG 4 和II./JG 11。据说，没有一支部队是只配备了Bf 109K型战斗机；都是G型机和K型机的混编。在1945年1月期间，一些装备了Bf 109K-4机型的部队转场到了东线，包括III./JG 27，在1月下旬和2月期间，一些东线的战斗机组也配装了这种机型。

↓德军150毫米"大黄蜂"式自行榴弹炮。

巴尔干战役

　　1940年10月28日，墨索里尼入侵希腊。他的理由是，希腊的独立是英国担保的，这个国家因此并非中立而对意大利构成了威胁。墨索里尼私下里还是想获得一个迅速的令人惊异的军事胜利，使得和他的德国盟友戏剧性的成功相比不至于太没有面子，他因此认为小而穷的希腊只会有很少的抵抗。他和手下的将军们说，如果他的军队打不过希腊军队，他就"不再是一个意大利

人"。墨索里尼给希腊国王乔治二世和希腊国防部长、号称"独裁者"的梅塔克塞斯发出最后通牒，要求他们同意意大利军队在战争结束以前一直占领希腊。还没等到回复，驻扎在阿尔巴尼亚的20万意军就从希腊北部入侵。尽管希特勒曾警告墨索里尼不要这样做，意大利却还是在巴尔干地区发动了战争。

看到德军在几周之内就全面攻占西欧，墨索里尼自信他对希腊的占领也会在几天之内结束。但事实很快证明他大错特错了。

意军遇到的第一个问题是希腊的多山的地形。几乎没有什么好路可走，而可走的路也长年失修，而且意军还没有地图。情况更糟的是，在入侵前几天，当地下起了冬雨，气温很快降到零度。墨索里尼对迅速取胜信心十足，以至于军队没有配发冬服。战役的前几周就有数千人冻死。

此时墨索里尼发现，他没有明确要求的但以为保加利亚有法西斯倾向的政府会派兵支援，但援军并没有来；而他秘密向希腊的政客和将军行贿也没有见效。他指望希腊人很快投降，但他失败了。

事实上，在皇家空军的支援下，希腊人成了真正强大的对手。在帕帕戈斯将军的指挥下，一些最初受雇于意军的阿尔巴尼亚雇佣军协助希腊军队展开了反攻。一周内，已经让天气和地形打击得士气低落的意军被迫撤回到阿尔巴尼亚。

意军指挥部也开始出现恐慌。墨索里尼指责总参谋长巴多里奥元帅的军事行动不得力，把他革职。墨索里尼本人则亲自到前线给部队打气，但这对阻止意军的撤退无济于事。

这时，意大利舰队在皇家海军的打击下遭受了重大损失。墨索里尼的计划落空了。此时，希特勒对墨索里尼也失去了耐心。因为担心英国在希腊建起的空军基地对德国和罗马尼亚的油田构

↓Fw200"秃鹰"轰炸机。

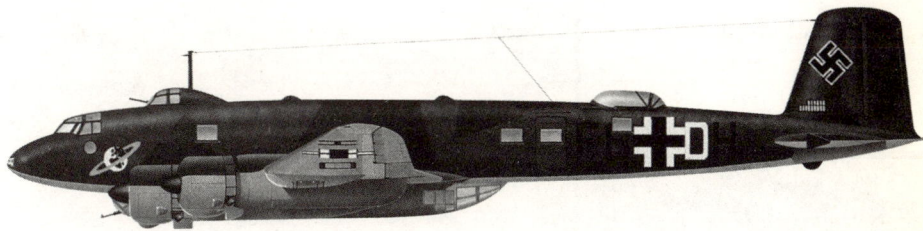

征服希腊和克里特岛

→德军的快速进攻使得被派往希腊支援作战的一支小型英联邦军队除了退却之外毫无还手余地。到4月份最后一个星期，希腊政府已经垮台，英军开始撤往克里特岛。

↓德军"虎"式自行火炮。

阿尔巴尼亚

南斯拉夫

保加利亚

埃迪尔内

土耳其

莫纳斯提尔
（比托拉）

培拉特

埃泽萨

基尔基斯

斯雷斯

兹拉马

克桑西

科莫蒂尼

亚历山德鲁波利斯

萨索斯岛

萨莫色雷斯岛

库扎尼

塞萨洛尼基

XXXX 2 希腊

卡泰里尼

利姆诺斯岛

科孚岛

约阿尼纳

XXXX 1 希腊

阿尔塔

特里卡拉

XXXX W 威尔逊

拉里萨

XX 5

XX 2

爱琴海

斯基罗斯岛

莱斯沃斯岛

希腊

拉米亚

哈尔基斯

希俄斯岛

北

迈索隆吉翁

帕特雷

马拉松

雅典

安德罗斯岛

萨摩斯岛

XX 5

科林斯

蒂诺斯岛

伊卡里亚岛

皮尔戈斯

卡拉迈

莫奈姆瓦夏

米洛斯岛

纳克索斯岛

① 4月16日德军前线

② 4月20日德军前线

③ 4月23日德军前线

④ 4月22—28日英军撤退路线

征服希腊和克里特岛
1941年4月6—28日

→ 德军进攻

--→ 盟军撤退

— 德军前线

〰 盟军防线

2 000
1 500
1 000
500
200
0 米

克里特海

克里特岛

0   100 千米

0   100 英里

←德军党卫军帝国师是参加巴尔干战役的主力部队，隶属于第41摩托化军，由著名将领保罗·豪赛尔指挥，在战争中立下赫赫功勋。

成威胁，希特勒决定入侵希腊以控制局势。1941年1月，他宣布"出于战略的、政治的和心理的原因"，德军将前去协助意军。

不过，在德军进军希腊前，希特勒需要邻国的可靠的支持，这样可以使得他在进攻苏联时保证自己的南方侧翼安全。为此，南斯拉夫、匈牙利、罗马尼亚和保加利亚被"邀请"加入了1940年9月27日由德国、意大利和日本签订的三国同盟条约。匈牙利和罗马尼亚早已在政治和经济上受

德国控制，他们立刻同意了这一"邀请"；德军通过罗马尼亚而占领了保加利亚后，保加利亚也加入了这一同盟。只有南斯拉夫，在加入盟约的数天之内，亲德政府就被一场军事政变推翻，这意味着对德国的反叛。

希特勒大为震怒。他马上命令部队入侵南斯拉夫，跟入侵希腊的行动同时展开，哪怕这意味着他对苏联的攻击要推迟也在所不惜。他叫嚷要在政治上、军事上彻底摧毁南斯拉夫。1941年4月

↑1940年9月，在签署三方盟约后，保加利亚军队加入了希特勒对巴尔干的占领。

6日，惩罚行动正式开始。33个德国师开进南斯拉夫，同时伴随着对首都贝尔格莱德大规模的轰炸。南斯拉夫军队，包括一些骑兵部队，在战斗中打得非常英勇，但根本无力抵抗德军进攻。在南斯拉夫政府投降的前十天，仅在空袭中就有近两万人被炸死。

同时，德军步兵、坦克和飞机也如潮水般地涌进希腊，他们在那里远比意大利人成功。当时希腊军队正追击撤到阿尔巴尼亚的意大利军队，猝不及防。尽管有大批英军增援，希腊落后的防御仍不足以抵抗装备精良、战术战役素养很高的德军。

一旦获知德国入侵希腊的意图，温斯顿·丘吉尔就立即批准从北非战场上分兵增援，不过，这一决定却是灾难性的。尽管丘吉尔对牵制希特勒在欧洲的力量很积极，但这一行为却使本来胜利在望的英军在北非再次失去主动。英国远征军在希腊登陆只能对德军起很小的阻碍作用。因为在人员数量和武器装备上都落后于德军，德军入侵的几天之内英军就被迫撤退。

不到三周，雅典就沦于德军之手。就像是敦刻尔克的情形再现一样，几乎有五万人从希腊撤出，同样是在德军的炮火和轰炸之下从海上撤退，同样扔下所有重武器和各种装备。

→英军突击队在阿尔巴尼亚山中的晨雾里。巴尔干半岛崎岖的山地和恶劣气候给意军带来了很大困难，他们完全没有准备在这样的环境下作战。

特别行动计划

1940年7月，在温斯顿·丘吉尔的指示下，盟国启动"让欧洲闪耀"计划，即特别行动计划，以援助法国、西欧和巴尔干地区的游击队，激励他们在战争期间抵抗德国和意大利的占领。

对游击队的军事行动，不仅提供游击战的专门人员指导，也提供武器和弹药。在希腊，特工们深入到游击队所在的村庄；在南斯拉夫，他们和铁托领导的共产党的游击队建立起联盟关系。铁托的游击队也获得了大量的武器援助，包括美国人提供的从枪炮到坦克等各种各样的武器。游击队的抵抗被证明极有效果，1945年他们从德军手中解放了贝尔格莱德。铁托自己在战后成了南斯拉夫的领袖。

↑法国、欧洲和巴尔干地区的游击组织得到了"执行特殊任务大队"的协助。

4月21日，希腊投降。只有克里特岛的皇家空军和英国及新西兰部队依然坚守，自意大利发动战争开始，他们就驻扎在那儿。为了占领克里特岛，德军发动了一次大规模的空降作战。在德国空军对岛上的防御阵地进行狂轰滥炸后，当时世界上最强大的伞兵部队开始空降。大量的滑翔机载着陆军紧跟着支援。只要占领机场，空军就能掌握制空权了。

不过，双方的损失都非常大。德国伞兵部队几乎十人中就有一人丧命，损失是如此的严重，以至于他们以后再也没有进行此类规模的作战行动。英国方面则有25000名英国人、澳大利亚人和新西兰人丧生。皇家海军再一次撤退了剩下的部队，还损失了30艘船只。撤离行动中有另有2000人丧生。

轴心国现在控制了北地中海的海滨地带。而德军的闪电战也再一次证明其不可阻挡。墨索里尼现在非常想洗刷自己军事上的失利之耻，他正努力从德国的胜利中得到更多的领土。事实上，这倒是希特勒同意的，他从未想过要把地中海地区作为重要的军事占领区。他很快就把注意力转到别处去了。而对意大利的独裁者说来，

↓行军中的保加利亚军队。

→1941年4月，一支党卫军部队开进贝尔格莱德。从德国入侵到南斯拉夫政府宣布投降不到一个月，德军只损失了151人。

→德军进攻南斯拉夫首都贝尔格莱德期间，一名德国士兵正在做电台节目。

→在南斯拉夫发生的暴行。德国人说游击队每杀死一名德军，就有100个平民被处决。

从现在起，他就得从柏林接受命令了。

意大利人接手了希腊和南斯拉夫的大片地区，但不久就发现自己卷入了一场游击战争。南斯拉夫有两个抵抗组织，一个是切特尼克游击队，另一个是约西普·布罗兹，即后来闻名的铁托元帅领导的共产党游击队，这两个组织都对占领军宣战，但也彼此开战。匈牙利、保加利亚和德国也都事实上控制着南斯拉夫的部分地区，这让局势更加复杂。这一情况跟希腊相似。在那里，民族主义组织和共产主义组织相互开战，比对占领军的战斗更激烈和频繁。面对游击队的威胁，墨索里尼的回答是，他宣布每一个意大利士兵被杀，将会有20个人质被处决。希腊人民因此遭受了无数的灾难，包括占领时期遍及全国、使得成千上万人死亡的大饥荒。墨索里尼的反应就是对外宣称希腊人自己导致了这一情况。

意大利在烫手的巴尔干战役中的所获是值得考虑的。在意大利本土，自从意军在少数希腊人和阿尔巴尼亚"农民"们面前蒙羞后，墨索里尼

↓梅塞施米特Bf 109E-3型战斗机。

↑ 德军从一个南斯拉夫村庄路过。

↑ 南斯拉夫军队有100多万人，但他们的装备落后，意见不一，种族和政治诉求互相对立。

← 德国占领军在雅典街头检阅他们的装甲部队。看到沦陷的祖国被蹂躏，在希腊投降前两天，希腊总理亚历山大·科伊兹自杀身亡。

→德军迅速攻占希腊的群岛。

→一名德国伞兵成功登陆。不过，很多人甚至没落地就被英军的枪炮打死了。

的权威地位就再也没有恢复起来。不过，因为英国人从胜利在望的北非抽调军队支援希腊战役，这倒是让希特勒有足够的时间派出由陆军元帅埃尔温·隆美尔指挥的一个装甲师去协助在利比亚的黎波里的意军。这样就极大地改变了沙漠战形势。

最重要的是，由于南斯拉夫和希腊战役带来的拖延极大地影响地希特勒的下一个目标——苏联。

↑德军PzKpfw38型坦克。

←希腊军队在投降前做作地拍照。希特勒以身作则倡导了一种奇特的骑士模样的手势，他亲自命令投降的希腊官员们也要奉行这样的仪式。

↑ 德军伞兵

←在一次试图抓获铁托的失败行动中，党卫军的伞兵部队察看形势。

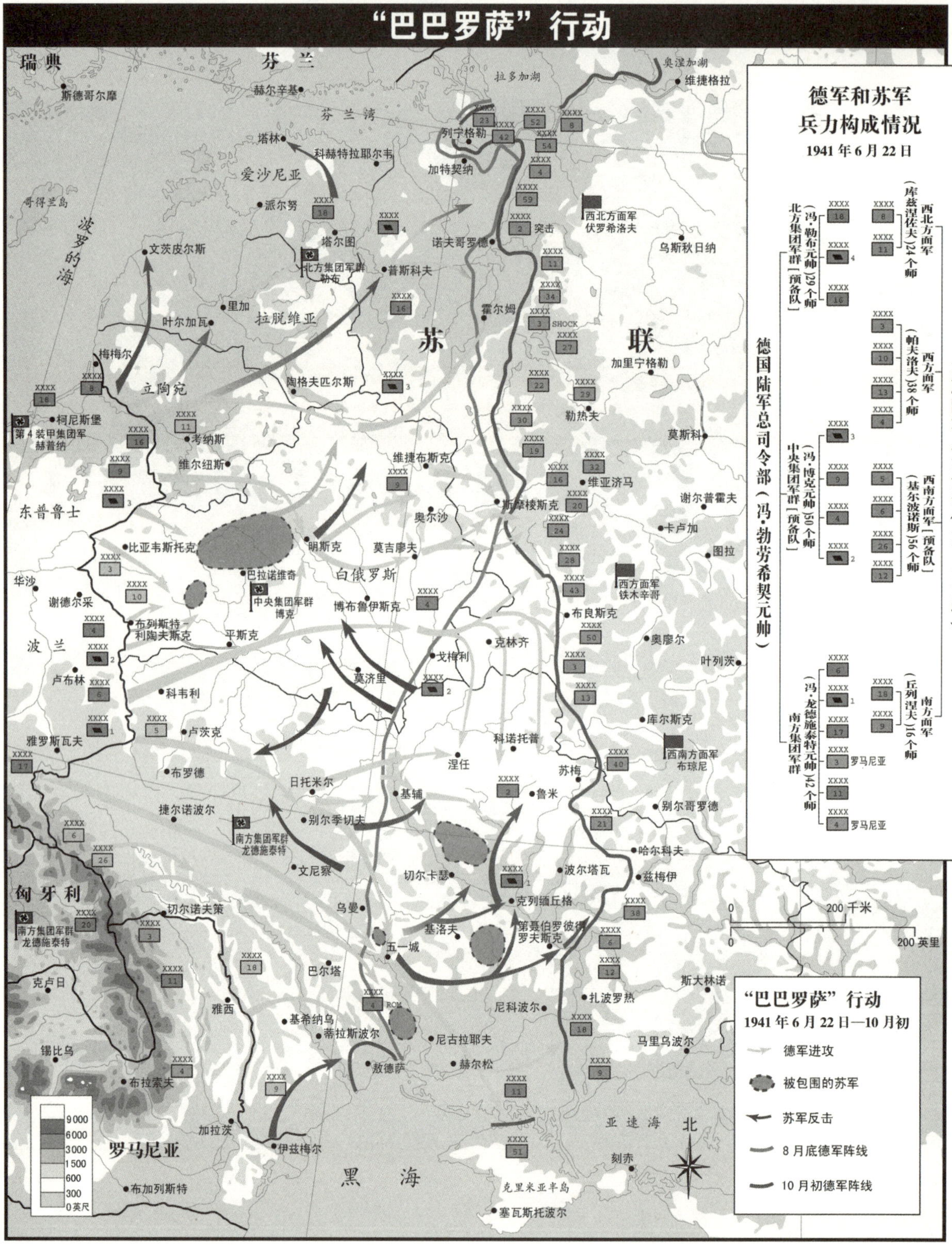

"巴巴罗萨"行动

→1941年6月22日凌晨，德国3个集团军群对苏联发动大规模的突然袭击。北方集团军群进攻方向是波罗的海国家和列宁格勒，南方集团军群将横扫乌克兰境内广阔的平原，中央集团军群则像一把利剑一样直指苏联的心脏——莫斯科。

德军和苏军兵力构成情况
1941年6月22日

德国陆军总司令部（冯·勃劳希契元帅）

北方集团军群（冯·勒布元帅）29个师

中央集团军群（冯·博克元帅）50个师

南方集团军群（冯·龙德施泰特元帅）26个师

苏联陆军总参谋部（朱可夫大将）

西北方面军（伏罗希洛夫）24个师

西方面军（帕夫洛夫）38个师

西南方面军（基尔波诺斯）36个师

南方面军（丘列涅夫）16个师

"巴巴罗萨"行动
1941年6月22日—10月初

- 德军进攻
- 被包围的苏军
- 苏军反击
- 8月底德军阵线
- 10月初德军阵线

9000 6000 3000 1500 900 600 300 0英尺

0 200千米
0 200英里

北

第七章 入侵苏联

"巴巴罗萨"计划

1941年6月22日，星期天，凌晨，莫斯科的苏军司令部接到了一封疯狂的电报。驻守在苏联西部边境的部队报告说："我们正受到炮火的攻击。我们该做什么？"

德军入侵！欧洲两支最大的军队从此开始了一场惨烈的战争。

早在1940年12月，阿道夫·希特勒就告诉他的将军们，他的"巴巴罗萨"计划就是要"在一场速战速决的战役中一举打垮苏联"。入侵英国失利后，他告诉将军们，德国要转向东方，苏联边境后面有巨大而辽阔的空间。打败苏联不仅可以得到巨大的生存空间，而且可以为德军提供几乎不受限制的各种资源。一旦占领了顿河工业区

和南高加索的油田，德国可以很快准备对英国发动一场新的攻击。

"巴巴罗萨"计划并没有得到德军司令部的全面支持。很多人指出了两线作战的危险，尤其是英国有可能在西线进行登陆。不过，希特勒坚持对苏联的闪电战最多三个月就可以获胜。他相信，苏联人，作为一个劣等种族，要抵抗占优势的强大的德军是没有什么能力的。像在欧洲的其他地方一样，他们在德军的冲击面前会变得不堪一击。

到6月22日黎明，德国入侵的大规模行动已经十分清楚了。希特勒告诉他的将军们，"当'巴

↑ 充当先锋的德军装甲师。

→ "巴巴罗萨"计划开始的数小时之内，苏联的防御工事就被德国的装甲师打得七零八落。比较德军而言，两万辆老旧不堪的苏军坦克完全没有机动性。

→德国最高统帅部总司令、陆军元帅冯·龙德施泰特(左)，他在最后一次排演入侵苏联计划期间观看军队的机动灵活性。希特勒相信他的军队三个月内即可粉碎他所谓劣等的苏联人。

高加索地区；中央集团军群，则由汉斯·古德里安将军的装甲集团军群打头阵，直扑苏联的首都莫斯科。德军也得到了从南部推进的罗马尼亚军队的支持，同时支持的有意大利、克罗地亚、匈牙利和斯洛伐克的部队。芬兰人也从北方进军，希望利用德国的入侵时机能把1939—1940年的苏芬战争时失去的土地夺回来。全部算起来，这可能是世界历史上曾有过的最强大的入侵大军，它也让苏联完完全全地大吃一惊。

自1941年1月以来，苏联就开始向德国提供食品、燃油和物资，以巩固1939年签订的苏德条约。实际上，最后一列货车供应在6月21日晚上刚刚发出。

在很长一段时间里，苏联的情报部门已经怀疑德国会入侵苏联，但斯大林拒绝接受情报部门的警告。即使在德军在苏联边境沿线集结的情报得到证实后，斯大林仍不相信希特勒会撕毁他们的盟约。这一结果，使得他的军队面对纳粹的闪电战几乎毫无准备。几个小时之内，德国空军就摧毁了在地面上还没来得及起飞的2000架苏联飞机。而布列斯特·立托夫斯克，是第一次世界大战苏联签约退出战争的城市，在这一天还没有结束时就被占领了。德国的装甲部队迅速地穿过苏联大地，把苏联的防守部队切割包围得七零八落。

在这危急的时刻，红军的抵抗没有起到应有

巴罗萨'行动开始，世界就会屏住呼吸"。300万人、3000辆坦克和2000架飞机分成三个独立的集团军群：北方集团军群向西北方进攻，目标是列宁格勒；南方集团军群从南部突击克里米亚地区，沿线占领富饶的乌克兰农业区、顿河流域和

的效果。他们人数众多，但组织非常糟糕，部队之间的通信联系也很不好。甚至要求反击入侵的第一道命令也经过了四个多小时才传达到前线。部队的机动性也是大问题，特别是面对高度机械化的纳粹装甲部队，苏联的两万多辆坦克全都老旧过时了，他们的7500架飞机的飞行员也没有经过很好的训练。

即使如此，红军也打得顽强英勇。他们对苏联母亲的爱是一种深厚的情感，也是一种最重要的力量，对他们来说，要保护苏联母亲，死亡只是一种微不足道的代价。尽管没有任何明晰的战略，一线的苏军只是尽其所有地抵抗德军。他们大批大批地死亡，战争极为惨烈。有战报说，坦克旅列队进入战场，不到几小时就完全被摧毁。

纳粹党卫队和特别警察部队跟着向前推进的军队，他们负责消灭犹太人和共产党人，把他们流放或简单地处死。在基古省的一次行动中，有3.3万犹太人被杀死。

同时，德军的闪电战看来不可阻挡。不到一周时间，德军就俘虏了10万苏军和1000辆坦克。在西方，白俄罗斯的首府明斯克几近沦陷。在北方，德军横扫波罗的海沿岸直扑列宁格勒。7月3日上午，苏联人民从他们的收音机里听到了斯大林发表演说。这是三年多来他第一次用电台跟苏联人民交流。斯大林告诉他的人民，"我们的国家跟它最凶恶的敌人正进行着生与死的斗争"。

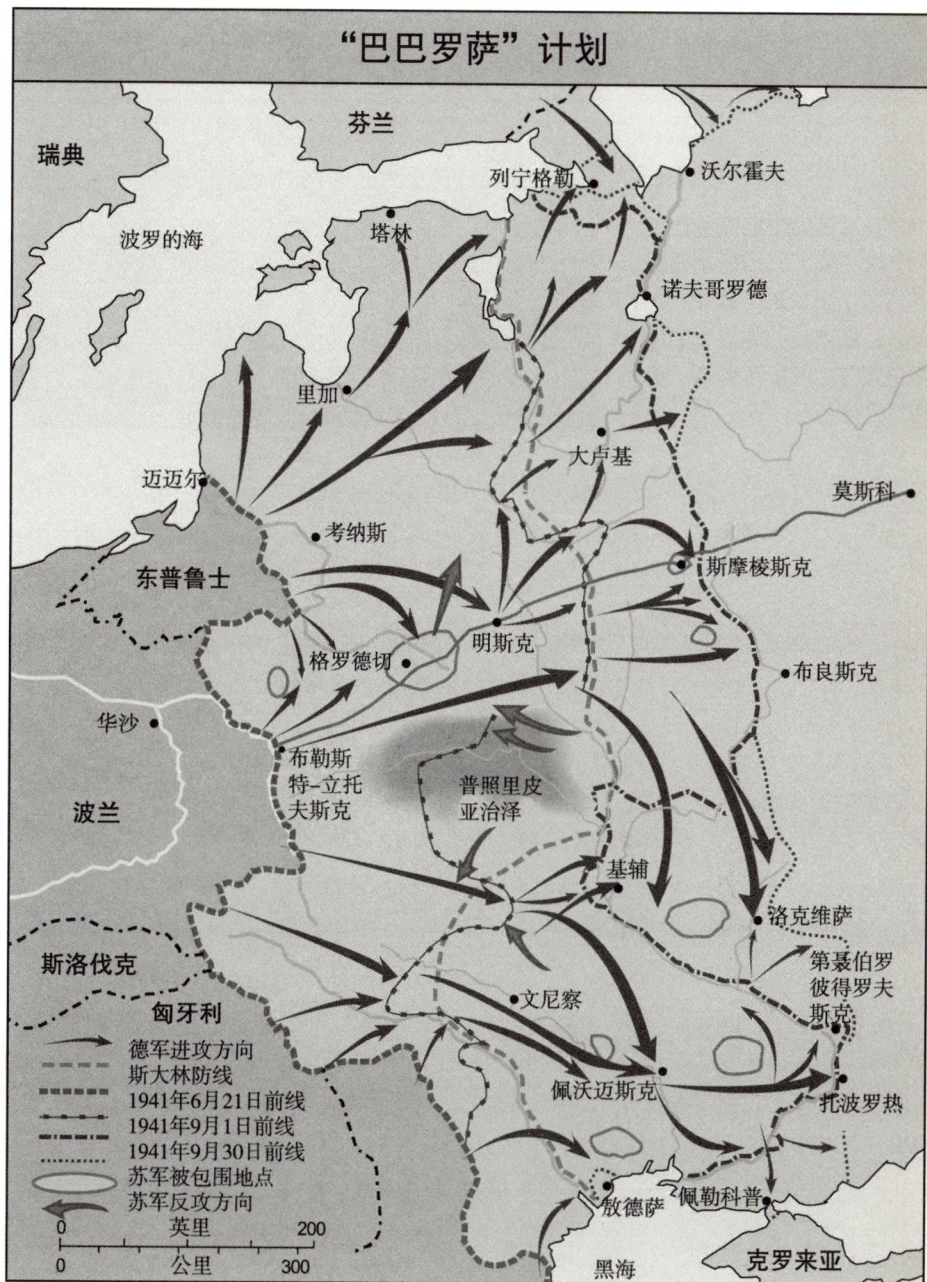

"巴巴罗萨"计划

图例：
- → 德军进攻方向
- 斯大林防线
- 1941年6月21日前线
- 1941年9月1日前线
- 1941年9月30日前线
- 苏军被包围地点
- ← 苏军反攻方向

0 —— 英里 —— 200
0 —— 公里 —— 300

（地图标注：瑞典、芬兰、波罗的海、列宁格勒、沃尔霍夫、塔林、诺夫哥罗德、里加、大卢基、莫斯科、迈迈尔、考纳斯、斯摩棱斯克、东普鲁士、格罗德切、明斯克、布良斯克、华沙、布勒斯特-立托夫斯克、普照里皮亚治泽、波兰、基辅、洛克维萨、斯洛伐克、第聂伯罗彼得罗夫斯克、匈牙利、文尼察、佩沃迈斯克、托波罗热、敖德萨、佩勒科普、黑海、克罗来亚）

→党卫军在库尔斯克地区的一个村子里。他们通常是跟随德国正规军来"清理"占领区。据估计，党卫军折磨并杀死了300多万所谓"劣等"民族的人。

他承认情况很严重，他要求动员一切可以动员的力量以抵抗敌人。这将是"一场自由解放的卫国战争"，苏联人民绝不丢弃一寸土地。在红军失利的地方，平民应该武装起来在当地展开游击战。如果被迫撤退，他们要实行"焦土"策略，烧光、摧毁、打烂他们自己的家和财产，不让纳粹得到"一颗粮食或者一滴油"。

斯大林的演说鼓舞了苏联人民，也激励了欧洲各地的抵抗组织。温斯顿·丘吉尔尽管是一个坚定的反共分子，但现在却保证支持斯大林和苏联。英国和苏联现在有了一个共同的敌人，丘吉尔这样解释，他还补充说："如果魔鬼对希特勒宣战，我也会站在魔鬼一边。"

事实上，一开始并没有多少苏联人意识到，他们正在成为德国人的奴隶并很快被"解决"掉。纳粹"占领、统治并剥削"苏联的计划很快就暴露无遗，占领区的农民和战俘们都被迫为纳粹工作。在纳粹占领者手里，他们的待遇猪狗不如。党卫军的头子海因里希·希姆莱曾说，他对有多少苏联妇女在挖反坦克战壕时死掉不感兴趣，战壕是必须要完成的。

这一计划早在1935年就已启动，当时希特勒设立了一个种族解决办公室来配合德国在东部的扩张活动。现在，他说为使苏联完成"欧洲化"，必须展开一场"无怜悯"的运动。

希特勒解释说，德国人必须绝对不带任何同情地对待斯拉夫。因为"斯拉夫"首先在字面上的意思就是"奴隶"，他们也就是奴隶。德国人对这些屈服的人唯一的责任就是，"让他们足以

↓在基辅街头混战的德军士兵。

↓"帕克40"式火炮。

约瑟夫·斯大林

斯大林的字面意思是"钢",他的真名是朱加施维利。他出生在偏远的格鲁吉亚,十分聪明。1924年,在布尔什维克的领导人弗拉基米尔·伊里奇·列宁去世后,斯大林成了苏联的领导人。那以后到1941年德国入侵的17年间,通过一系列严格的五年经济发展计划,他把一个落后的、农民为基础的国家变成了一个工业强国。为此,苏联人事实上生活得很不轻松,因为发展军工重工业,他们的生活日用品是很少的。

为了确保自己的地位,打击国内潜在的反对自己的敌人,斯大林发动了肃反运动,上百万的人被处决,或被流放到西伯利亚的劳改营里,最后死去。

尽管他是纳粹德国的敌人,斯大林却同意跟德国在1939年签订盟约,这一出人意料之举是为了避免德国入侵苏联。希特勒的动机也是一样。

当这一策略失败、希特勒入侵苏联时,斯大林被迫转向英国和美国一边。尽管苏联和英美的领导人在意识形态上有很大的分歧,但他们明白共同的敌人是谁,共同的利益在哪里。显然,英美跟斯大林的友谊不会比战争长到哪里去,但他们分手前的这一联盟把苏联和全世界从纳粹手中拯救了出来。

← 在战争年代,斯大林是一位鼓舞人心的坚强的领导。

↓苏联SG 43机枪。SG 42机枪保留了马克西姆M1910机枪的古老的轮式车架。

明白,必须懂得我们公路上的信号,这样他们就不会被我们的车辆碾死"。

整个1941年夏天,德军始终以令人吃惊的速度横扫苏联大地。到9月底,德军占领了基辅。而在北方,1917年布尔什维克革命的摇篮列宁格勒看来也会马上沦陷。在南方,克里米亚的大多数地区已经沦陷。一半以上的红军或战死或被俘,苏联的坦克数量也降到不足1000辆。人们确信,

莫斯科的陷落和苏联的投降只是一个时间问题。纳粹德国已经大胜在望,或者说,德国人也这样激励自己。

苏军方面,也似乎毫无希望。不过,这不是事实。

即使遭受了令人震惊的损失,苏军的精神意志犹存。

比起西方来,沙皇俄国长期以来是一个统治

→随着战争的继续，俄罗斯的天气逐渐寒冷，德军的优势兵力也消耗殆尽，接下来对于德军越来越不易了。

→德国士兵在秋雨的泥泞中跋涉。不久，"冬季将军"就会成为德军最强大的敌人之一。

非常严酷的国家，人们生活甚至没有最基本的保障，苦难和被剥夺几乎就是每天的生活，这些都使得普通的苏联人比起一般的西方人来说，要顽强坚韧得多。在反纳粹的各个国家中，战时服役和动员的情况并不一致，而苏联是唯一征召妇女上前线战斗的国家。当然，在1941年的严酷艰难的战斗中，这样的做法是正常的。同样正常地，很多苏联人，包括女兵都战斗到最后一刻。

斯大林要求抵抗的号召得到了广大苏联人民的热烈响应。他们组建游击队，通过投放炸弹、破坏设施、炸掉桥梁铁路、切断电话线路，和侵略者们战斗。

红军正规部队更加英勇抗击，他们的顽强给德军留下了深刻的印象，使其恐惧。在敌人占优势的兵力和炮火面前，红军前赴后继顽强抵抗。正如一个德国司令官所说，"苏联人"在战斗中的行为简直"不可理解"。

红军也因此迟滞了德军向前进攻的速度，而严寒刺骨的冬天就要来了。到希特勒三个月取胜的计划还没完成的时候，秋天已经来了。从那时起，天气就变得越来越坏。

严酷的冬季

第一场冬雨10月初就降下来了。几天之内，道路和田野都不能通行了，德军的机械化部队发觉自己在泥泞里寸步难行。近一个多月里，由于糟糕的天气，使得德军的坦克和大炮完全停了下来止步不前，司令官们在等着霜冻冻结地面。然而，这一拖延却是致命的。

当11月初下了第一场雪后，气温急剧下降了。这样的气候曾帮助俄国人打败了1812年入侵的拿破仑，现在这天气也开始让德国人尝到同样的滋味了。

因为对苏联战役只需三个月就结束一事坚信不疑，希特勒和德军根本没有考虑去打一场冬天的战争。因此，德军对它现在面临的恶劣气候条

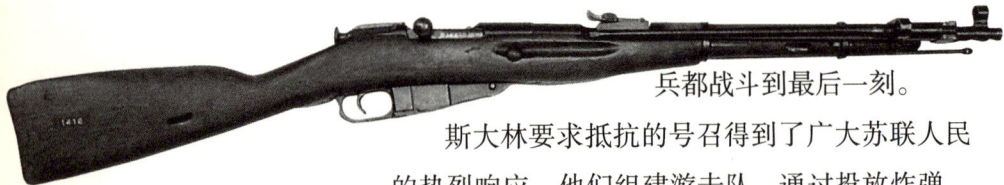

↑莫辛—纳甘1930型步枪。

统治东方计划

在德国入侵苏联前几个月，由党卫军草拟的统治东方计划，是纳粹仇视地对待他们想象中的劣等斯拉夫人邻居的最重要的行动方案。这一计划对被征服的苏联人和苏联的未来做出了一个长期的安排。它要求至少消灭3000万苏联人，然后再让德国人移民，从而彻底解决苏联问题。那时苏联会被分成很多"农业省"，最终由海因里希·希姆莱自己领导的盖世太保来进行统治。正是因为实施了这一计划，希姆莱的盖世太保要对谋杀数百万苏联人负责。

← 一张苏联宣传画，表现"统治东方计划"的恐怖。

↑ 妇女们在兵工厂里24小时不间断地为前线生产弹药。

件毫无准备。

在气温降到零下20~30度时，德军的坦克和卡车开始冻裂，他们的枪炮无法使用，连发报机的电池也被冻住了。德国空军不能起飞出战，整个入侵德军的补给线被切断了。德军士兵也没有冬季服装，开始有人被冻死。

他们仅有的薄皮靴和手套对付无情的寒冬一点儿都不管用。在1941年12月，一个德军装甲师向上级报告说，寒冬里冻死的人是战死的几倍。

德军的坦克兵被迫整夜让发动机开着，因为早上很可能因低温无法启发动机，但是燃料很快就用光了。而别的部队则只能靠烧汽油来取暖。

可是苏军似乎很适应这种天气。他们习惯了这样的环境，从和芬兰的战争里，他们学到了很多冬季战争的经验。苏军有冬衣，他们的坦克和枪炮等装备也有防冻设备。甚至他们用来拖运大炮的西伯利亚矮种马也比德国的马更适合这种气候，而德国的马很多都冻死了。

正是这种气候的变化，使战争的主动权突然发生了逆转。

德军的士气发生了动摇。陆军元帅冯·博克向希特勒报告说，他的部队快要发生兵变了。这时这支曾横行天下的无敌之师明明白白地知道，他们就要第一次尝到失败的滋味了。他们是为德

↓ 一个被红军解放的村庄的妇女扑在救星的怀里。即将来临的冬天是苏联反攻的开始，严酷的冬天挫伤了德军的士气。

霍克公司的"暴风"Mk II 战斗机

"暴风"飞机的驾驶员享有一个优良的全向视野，这与其前身（霍克的"台风"飞机）相比是相当大的改善。"暴风"F. Mk.II飞机的生产最初由霍克和格罗斯特（Gloster）飞机公司共同承担，但是到1943年9月18日第2架原型机飞行时，订单上的飞机数量已经增加到600架，因为格罗斯特飞机公司有其他生产任务，即"流星"（Meteor）喷气式战斗机的生产任务，因此该机的一些生产工作被转到布里斯托尔飞机公司进行。

↓海因克尔公司的He-219型夜间战斗机。

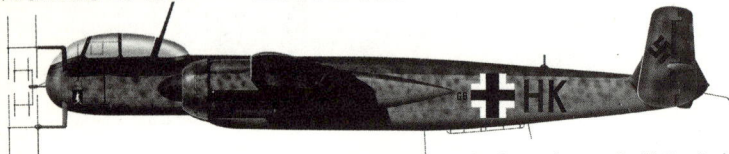

↓He-111H-16型轰炸机。

↓苏联82-PM 37迫击炮。

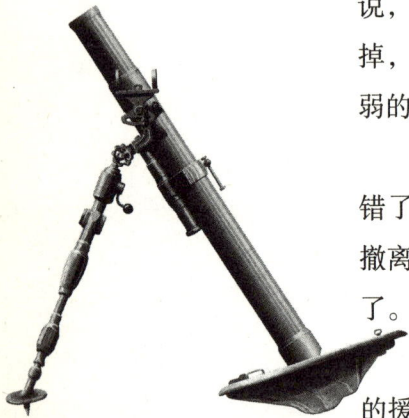

国的生存空间打一场"光荣"之仗，但可不是到离莫斯科200英里的地方来冻死的。纳粹的宣传使这支军队相信苏联人是下等人，是无知的农民，只会进行很少的抵抗甚至不抵抗。希特勒曾保证说，苏联人在德军第一波突击面前会很快就会垮掉，他告诉手下"你只要对着门踢过去，整个虚弱的大厦就会轰然倒塌"。

希特勒曾认为斯大林9月份就会投降，但他错了。尽管德军逼近了莫斯科，但斯大林没有撤离。同时，列宁格勒也在德军的冲击下坚守住了。

红军最终稳住了战线，重新组织起来，新的援军和新的武器装备源源不断地开到前线，他们还开始装备了优于德军坦克的新式的T-34型坦克。

同时，苏联的工厂也开始大量生产武器装备，飞机和枪炮的生产速度远比德国人所能摧毁这些武器的速度要快得多。苏联还得到了英国和美国的补给支持，英美现在都保证帮助苏联。而在苏联，妇女们都报名参加工作，有的到生产线上去，有的人则到前线去做医生、护士。战争初期，则有大约80万名妇女加入红军参加了战斗，有些人还参加了空军。

重要的军工厂和其他大工厂都完好地迁至乌拉尔山以东的哈萨克斯坦和中亚等安全地带，重建生产。在德军向莫斯科推进时，就有大约有100万人和

500多家工厂在德国人占领前被转移。

当德军到达莫斯科市郊时，时间已是12月初。几个月来，德国空军一直轰炸莫斯科以削弱甚至摧毁民众的意志。但是现在，朱可夫将军指挥红军发动了第一次大规模的反攻。整个12月，从北部的加里宁到南方的罗斯托夫，红军开始了全面的反攻。尽管希特勒拒绝撤退，但士气低落的德军还是被迫撤退了。红军的成功尽管十分有限，但对于此前几个月内刚刚损失了近400万人的红军来说，胜利无论如何是一个令人鼓舞的好消息。红军从西伯利亚调来了20个师，这25万训练有素的部队一直防守着苏日边境，他们从冰天雪地的西伯利亚非常及时地赶到莫斯科前线。

理查德·佐尔格，著名的苏联情报员及时告诉斯大林，日本并没有进攻苏联的计划，西伯利亚师得以增援莫斯科。

德军的损失超过10万人，才勉强抵挡住了红军的反攻。德国人自认为是优等种族。这种自负受挫后他们十分震惊。尽管红军只取得了初步的成功，把莫斯科面前的强敌击退，但纳粹的运气开始变坏，德军将第一次面临失败，而全世界都感受到了这种可能。德军不再横行天下无敌手，这个念头开始渗透到德军中，很快他们就会明白，他们面对的是一个真正意志坚定的对手……德军也开始尝到失败的滋味了。

希特勒暴跳如雷，他命令部队坚守阵地，绝

希特勒的阴谋理论

尽管希特勒谈到入侵苏联时给出的理由是说为德国人寻找可靠的生存空间和新的资源，但他发动"巴巴罗萨"计划却有更深层的原因。正如他在《我的奋斗》一书中所写的，希特勒相信，德国在第一次世界大战中之所以失败是由于犹太人和布尔什维克的共产主义的阴谋，是共产主义摧毁了德国。希特勒决心彻底地摧毁他所称之的"犹太人的布尔什维克主义"，同时灭绝犹太人，这也就意味着全面打垮共产主义的苏联。

→希特勒在兰德斯堡监狱。在那里他发展了写在《我的奋斗》一书中的种族理论。

↓苏联的120-HM 38迫击炮。

←党卫军正在使用火焰喷射器清理苏军掩体。

工厂向乌拉尔山脉以东迁移

1941年夏天德军入侵后，苏联开始了一场"第二次工业革命"。从列宁格勒到克里米亚，所有的钢铁、化工、炼油、发电站和坦克工厂和兵工厂里的每一个螺丝钉都被拆除送往相对来说比较安全的俄罗斯内地。两千多家工厂的设备、物资和工人都一起搬迁，全部都用火车运往乌拉尔山脉以东地区。在那里他们重新组装机器建立工厂，有的几天之内就可以开工恢复生产。苏联人以这种方式，在几个星期之内，把战前的80%的苏联工业都迁到东部。这是一场巨大的搬迁。

在乌拉尔山区的斯维尔德洛夫斯克，当地政府和民众在得知撤退的设备已经在运送路途中的消息后，在要求的两周内建起了一家工厂。他们用铁锹和锄头在一片空地上日夜工作，学生、打字员、会计师、商店售货员、家庭妇女、艺术家、教师等，在弧光灯的照明下，整日整夜地挖地。他们挖去石头，掀开冻土，打下地基。人们的手脚都冻肿了，但没有人去休息。上百台卡车不断地运送建筑材料。在第12天，到达的机器设备裹着一层灰白的冰霜运进了新建的有玻璃屋顶的新工厂，两天后这家军工厂开始恢复生产。

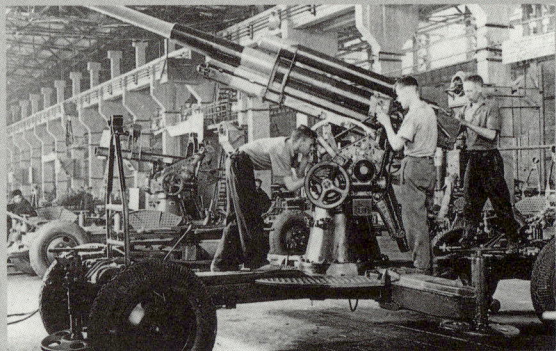

↑在乌拉尔新建的工厂里，苏联工人们正制造一门高射炮。

↑为了抵抗德军的进攻，保卫莫斯科，市民们正挖反坦克战壕。当时有25万普通民众被动员起来保卫他们自己的城市。

不许后撤。他解除了古德里安的职务以及其他一批最重要的指挥官的职务，并亲自担任德国陆军的总司令。但是从此，他似乎很久也没有从战争的打击中恢复过来。在很长一段时间里，希特勒再没有作过什么重大的决定。

→列宁格勒是布尔什维克革命的发源地，南去的通道已被德军切断，北去的通道也被急于为冬季战争复仇的芬兰军队封锁。在这次围困中，有将近100万人死于寒冷和长期的饥饿，这个数字相当于英国或美国在整个第二次世界大战中死亡人数的3倍。少得可怜的补给只能提供给战斗在第一线的人们。整个冬季及初春，德军一直保持着对列宁格勒的严密封锁，苏军任何突围的尝试都遭到阻击。

列宁格勒围城战役

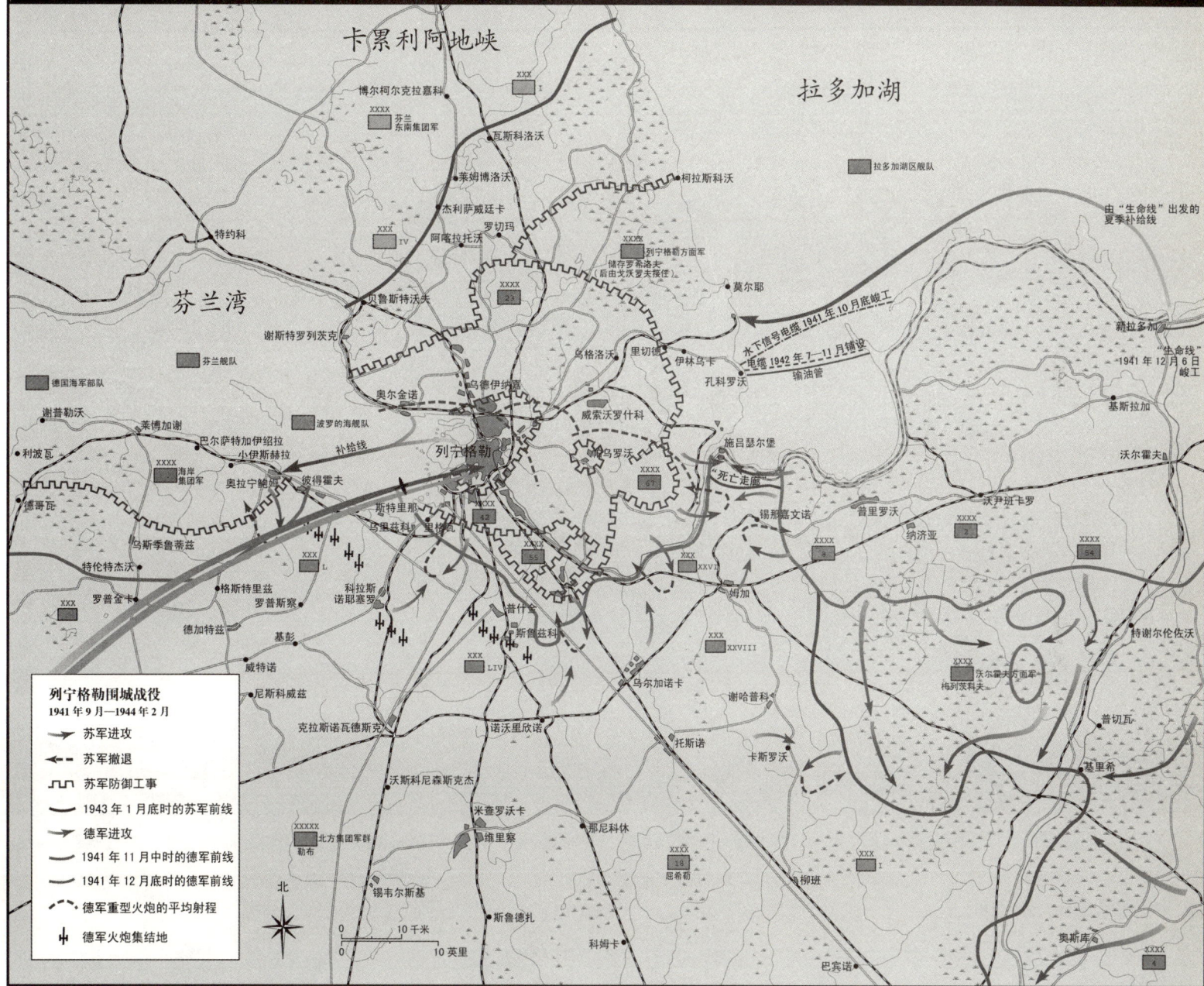

卡累利阿地峡

拉多加湖

博尔柯尔克拉嘉科

芬兰
东南集团军

瓦斯科洛沃

莱姆博洛沃

特约科

杰利萨威廷卡

罗切玛

阿嘎拉托沃

谢斯特罗列茨克

贝鲁斯特沃夫

奥尔金诺

乌德伊纳嘉

波罗的海舰队

芬兰舰队

德国海军部队

柯拉斯科沃

拉多加湖区舰队

由"生命线"出发的
夏季补给线

列宁格勒方面军
储存罗希洛夫
(后由戈沃罗夫接任)

莫尔耶

乌格洛沃

里切德

伊林乌卡

水下信号电缆1941年10月底竣工
电缆1942年7—11月铺设
瑜油管

施拉多加

"生命线"
1941年12月6日
竣工

基斯拉加

孔科罗沃

列宁格勒

威索沃罗什科

乌里次科

斯特里那

里格机

42

死亡走廊

施吕瑟尔堡

锡那嘉文诺

沃尔霍夫

谢普勒沃

莱博加谢

巴尔萨特加伊绍拉

小伊斯赫拉

补给线

奥拉宁鲷姆

彼得霍夫

海岸
集团军

利波瓦

德哥瓦

乌斯季鲁蒂兹

特伦特杰沃

罗普金卡

格斯特里兹

科拉斯
诺耶塞罗

普什金

斯鲁兹科

55

普里罗沃

纳济亚

沃尹班卡罗

2

沃尔霍夫方面军
梅列茨科夫

特谢尔伦佐沃

普切瓦

基里希

德加特兹

基彭

威特诺

XXVII

姆加

XXVIII

卡斯罗沃

奥斯库

4

尼斯科威兹

克拉斯诺瓦德斯克

沃斯科尼森斯克杰

米查罗沃卡

诺沃里欣诺

托斯诺

谢哈普科

LIV

北方集团军群
勒布

维里察

那尼科林

18

屈希勒

柳班

I

锡韦尔斯基

斯鲁德扎

科姆卡

巴宾诺

图例

列宁格勒围城战役
1941年9月—1944年2月

→ 苏军进攻

⇠ 苏军撤退

⊓⊓ 苏军防御工事

— 1943年1月底时的苏军前线

→ 德军进攻

— 1941年11月中时的德军前线

— 1941年12月底时的德军前线

⌐⌐⌐ 德军重型火炮的平均射程

⚒ 德军火炮集结地

芬兰湾

北

0   10 千米
0   10 英里

↑一艘U型潜艇正安全返航，满身疲惫的艇员们聚集在甲板上眺望着祖国的方向，他们马上就要到家了。随着战争的进展，能够平安返航的潜艇艇员人数越来越少。

第八章 大西洋海战

↓一艘美国驱逐舰被击中。不过，在大西洋战争的早期阶段，美国还置身事外，此时，是英国在独自战斗以保护它至关重要的商船货运生命线。

1939年9月3日，英国对纳粹德国宣战的当天，德国的潜艇U-30号用鱼雷攻击了航行在北大西洋上的客轮"雅典娜"号。112名英国和美国乘客遇害，这是战争中盟国的第一次伤亡。在接下来的6年里，德国和英国为争夺大西洋上的制海权进行了殊死的搏斗，几乎近10万名英国水兵丧生，同时，德国海军也几乎全军覆没。

作为一个岛国，英国一直把大海当作自己的防线。战争之初，皇家海军有12艘战列舰、7艘航空母舰，以及200多艘巡洋舰和驱逐舰，数量远比德国舰队占优，但自1918年以来建立的德国舰队，在总体上却有着较好的装备。多佛尔海峡有数千枚水雷保护，德国舰只要进入大西洋就要被迫从北方航行，绕过苏格兰，才能找到一条

→正在甲板上用餐的德国潜艇兵，大西洋海战初期德国潜艇战果显赫，艇员们悠闲自得。

→从美国、加拿大到英国的供给线。1939年，英国从海外进口了5500万吨物资和几乎占其所需一半的食品。如果希特勒能切断这条生命线，英国人就会被迫投降。

安全通道。在1940年的不列颠保卫战中，如果没有空中优势，德国只能对英国沿海构成很小的威胁。

为了打仗，英国要完全依赖进口燃料、物资，甚至食品。如果没有进口，就无法建立坦克、炮兵部队，无法制造飞机，甚至不能避免士兵、平民挨饿受冻。

在战争的早期阶段，英国的主要供给地是以印度和加拿大为主的海外殖民地以及美国。尽管美国保持中立，罗斯福总统同意在"现金交易"的基础上援助英国。这意味着，英国政府可以从美国购买任何它所需的物品，而且它也有船只来运送物资。伦敦和柏林政府都知道，如果没有

商船运货，英国就会饿着退出战争。如丘吉尔所说的，"没有船，我们就不能活下去"。

在战争中的头几个月里，德国便想尽办法来破坏英国的货运。

早先，德军飞机曾经绕着英国沿海和泰晤士河口布设了数千颗磁性水雷——这是希特勒的"秘密武器"之一。1939年10—11月期间，这些水雷成功地炸沉了27艘英国船只。除去雷管是一件危险的事，英军的爆破专家、中将司令官奥维勇敢地拆除一枚水雷，以研究它的结构。在他的帮助下，皇家海军设计出一套电子探雷系统，安置在每条船上，预防水雷引爆。

除水雷之外，从战争的第一天开始，德国战舰就在大西洋的航道上搜寻那些没有护卫的货船。

1939年9—10月间，德军"格拉夫·施佩海军上将"号袖珍战列舰击沉了9艘英国商船，此后便受到英国3艘巡洋舰一路追杀直到南美洲的沿海。在接下来发生的波雷河之战里，"埃克塞特"号被击中，尽管力量悬殊，另两艘巡洋舰"阿加西"号和"阿基里斯"号仍设法迫使"施佩海军上将"号受伤逃往中立国乌拉圭的蒙得维的亚。在那里，"施佩海军上将"号的汉斯·朗斯多夫上校被告知他只能停泊三天。而"阿加西"号和"阿基里斯"号也正在乌拉圭领水之外的海面上伺机而动。三天后，即12月17日，朗斯多夫上校

宣称："你们英国人太残忍了,你们不知道你们也有被狠揍的时候。"随后,他在波雷河口凿沉了自己的战舰,避免使其落入英国人之手。两天后上校在阿根廷自杀身亡。

对"格拉夫·施佩海军上将"号的胜利极大地鼓舞了英国人士气,但那只是面对真实威胁时的一次偶然胜利而已。1939年10月14日,德国潜艇U-47号潜入到奥克尼岛的斯卡珀湾,击沉了"皇家橡树"号战列舰,近800名官兵牺牲。由普里恩上尉任艇长的U-47号在击沉"皇家橡树"号后安全返航。

实际上,潜艇在上一次大战中就发挥了很大的作用,但根据海牙国际公约,潜艇对舰船的袭击只能在可以救生的地方进行。德国人决定对公约置之不理,他们时隔三十多年再次发动潜艇战,让英国人对其阴险狡猾大吃一惊。

海军上将卡尔·邓尼茨,这位第一次世界大战中的潜艇指挥官,极为认真地相信潜艇可以为德国赢得战争。尽管在战争初期他指挥的潜艇不足60艘,而且只有1/3能够在北大西洋展开行动,但他还是成功地说服希特勒同意他集中力量对英国的海运发动一次大的攻击。虽然在这个时候皇家海军在潜艇数量上远高于德国,但只有邓尼茨意识到了潜艇的战略潜力:它可以摧毁英国的补给线。不过,英国人很快明白这种威胁的严重性了,温斯顿·丘吉尔后来写道:"大战期间,只

有一件事曾让我真正地担心过,那就是潜艇的危险。"

1939年9月,开战后仅仅一个月之内,德国潜艇就在大西洋击沉了26艘英国商船。到了这年底的时候,这一数字已经超过100艘了。每次出航前,邓尼茨都在基地亲自为部下送行,当他们返回时他又前来为他们祝贺,这种艇长的作风和他的个人魅力感染了潜艇部队的官兵,尽管在此时德国最高统帅部对他们的战况几乎不过问不理睬。

邓尼茨要求每个月至少制造出30艘新的潜艇,而实际上,他最多每个月只能获得2艘新艇。在这种条件下,邓尼茨的潜艇战的成果是相当可观的。

解除潜艇威胁的唯一办法,就是对横渡大西洋的货船实行护航,皇家海军的舰只常常要护卫

←京特·普里恩海军上尉。德国U-47号潜艇艇长,德国海军最优秀的潜艇王牌之一。

↓德国U-47号潜艇的官兵们接受潜艇战的首倡者、海军上将邓尼茨的检阅。

北冰洋护航运输船队 PQ17 和 PQ18

1942年7月，北冰洋护航运输船队PQ17向苏联北部港口阿尔汉格尔斯克进发，他们很快得到报警，德国的战列舰"提尔皮茨"号正迎头赶来。由于担心护航船队不是德国战舰的对手，英国海军第一大臣、海军上将多得雷·庞德爵士命令船队散开。这是一个严重的错误。德国潜艇在空军的支援下，对孤立无援的商船一个接一个地进行攻击，三分之二的货船（24艘）被击沉，50多人在冰海里丧生。护航的指挥官约翰·布鲁姆上校，后来在回答法庭的审讯时说，永远不要再让庞德发号施令了。

英军很快牢记这个令人沮丧的教训。两个月后，PQ18护航船队也在同一水面遭受攻击，但这一次，船队没有散开，护卫舰则奋力打下了40架德国飞机。在6天的战斗中，尽管有13艘商船被毁，但仍有27艘船只安全地抵达苏联。

↑到达苏联的北冰洋圈内的港口的航线因严寒变得双重艰难，图为贝尔法斯特海港严重冰冻。

↑苏联的PPS-42冲锋枪是在列宁格勒被围、形势最危急的关头进行设计的，在投入大规模生产后被称为PPS-43冲锋枪。

→早期的德国潜艇吨位小，无法进行远洋航行和作战，因此为了保持潜艇的机动性，德军发明了为常规潜艇补给的"奶牛"潜艇，图为一艘U艇正在接受补给。

多达50艘的货运船队。为避免侧翼受到攻击，护航船队经常在大洋上呈"之"字形航行，当战舰受到潜艇的攻击时他们就得改变路线。在战争的头几个月里，护航取得了成功，邓尼茨的潜艇也因此避免和护航舰队相遇，他们集中力量攻击那些没有军舰护航的货船。1940年年初，只有不到10艘被护航的船只受损。但是德国潜艇扩大了猎杀范围，损失很快就上升了。而护航却只能在英国和大西洋中部的海域之间进行，护卫舰的数量比较少，而且大部分在潜艇的威胁面前只能起着不大的作用。

一旦离开了大西洋中部海域，货船便再次成为德国潜艇的盘中餐。1940年6月法国的沦陷，使得邓尼茨在大西洋的法国沿岸洛里昂建立了一个潜艇基地，这样更猛烈的打击开始了。德国潜艇的攻击范围几乎达到500英里。希特勒宣布对英国实行全面的封锁，所有从英国海面上过往的船只，无论是否是中立国，都会被击沉。而从法国机场起飞的德军远程轰炸机也能对海上护航军舰和潜艇的激战进行有力支援，这时起，德国潜艇开始对商船进行一场具有毁灭性的打击。

邓尼茨把他的潜艇组成了一个个小分队，在大西洋的航线上神出鬼没，等着各种无线电信号以确定是否有英国的船队经过。一旦目标出现，潜艇就会从四面八方包围上来，形成"狼群"，在夜幕的掩护下攻击船队。有时候，潜艇甚至会

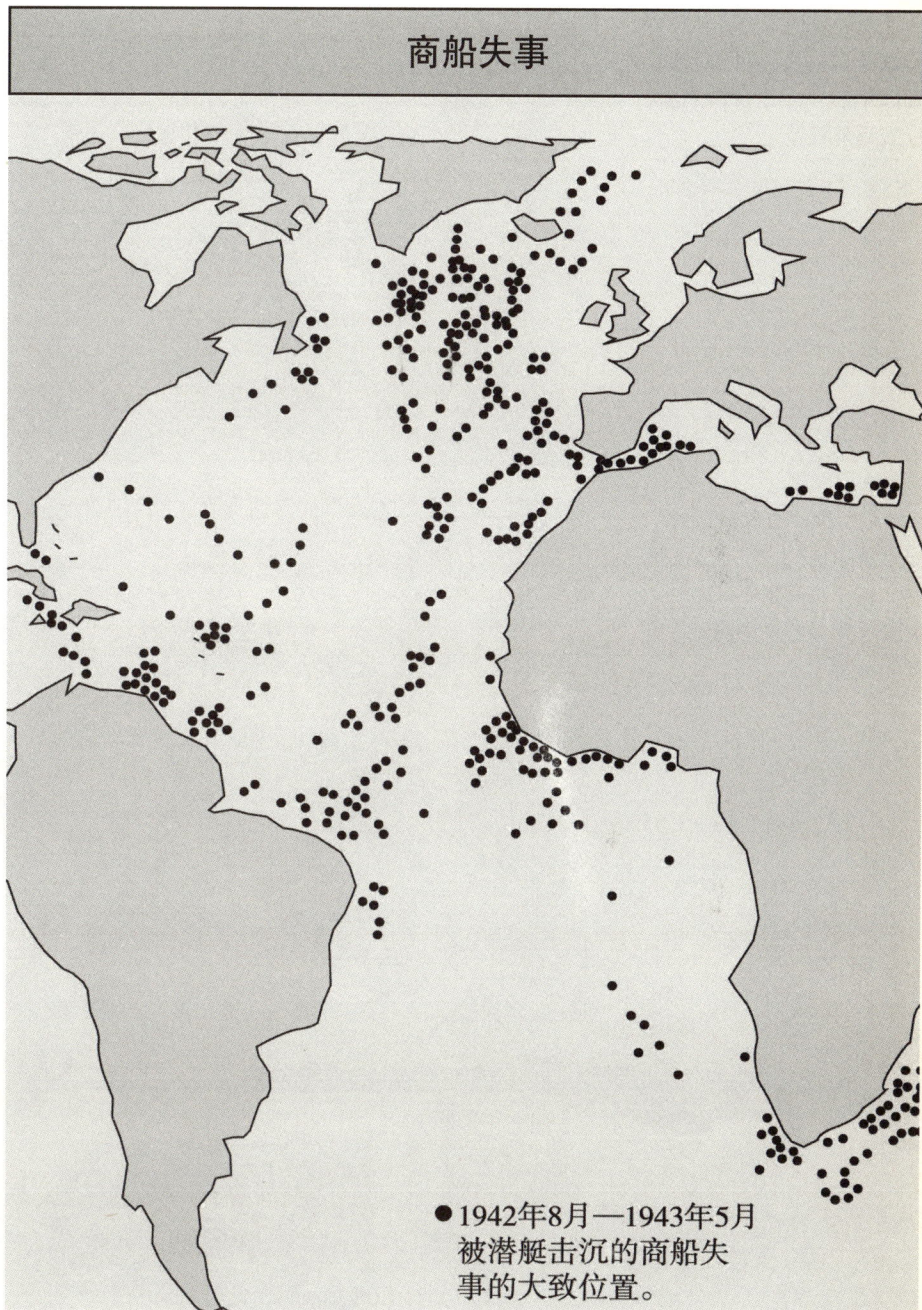

商船失事

●1942年8月—1943年5月被潜艇击沉的商船失事的大致位置。

→一艘被击沉的潜艇上落海的德军水兵爬上盟军战舰。在战争后期第三帝国潜艇的损失越来越多。

→U艇艇员正在保养鱼雷。在舱室两壁上是折叠的床铺。由于空间狭小，大约30名艇员都要睡在鱼雷舱壁的折叠床铺上。

↑苏联的14.5毫米PTRS 1941反坦克步枪。

出现在护航船只中间，在近距离发起鱼雷攻击。

白天潜艇会潜入水里隐藏，夜晚它们会再度四处出现发动攻击。这一"狼群"战术取得了巨大的成效。而护航的战舰指挥官们的工作是保卫好货船，不去冒险追逐德军潜艇，避免置整个船队于更大的危险之中。在夜里，潜艇很难被发现，在它们浮上水面或接近水面发动攻击时，护卫舰的雷达系统和声呐也很难发现。1940年的夏天，有240艘商船被击沉，德国潜艇只损失了两艘。

在这段时间里要想保证整个英国供给，航运的境况对船员来说则是极为可怕的。当商船的损失大大增加时，几乎所有可用的船只都被征用了，这些船大部分设备陈旧，船况极糟。北大西洋恶劣的天气总是让水手们全身湿透，冻得发抖，疲惫不堪，甚至随时随地都可能倒头睡过去。船长们要跟大海搏斗，还要防止船只在航行时相撞，因为能见度太低，随时要用信号灯互相联络。德国潜艇可能就潜伏在水下，伺机攻击。当接踵而至的鱼雷划破水面的一道道航迹清晰可见之时就太迟了。接下来，一声巨响，浓烟大火冲天而起，满载的船身迅速进水，滑进波涛汹涌的大西洋中。船上的水手们，如果没被炸死，就得在海上一边努力漂浮一边寻找活命的机会。

在救生船引进之前，护航的水兵们经常面临两难选择：是去援救在水中挣扎的人，还是跟潜艇缠斗。船队常常不惜代价地全速航行。救人是很难的事。

对于油轮上的水手们来说，载油越多，危险就越大。1942年8月9日夜，芬奇上校所在的"圣埃米连诺"号油船在大西洋上遭到一艘潜艇的鱼雷攻击。芬奇后来回忆说，油轮中弹后，几分钟之内，"从船头到船尾都着火了，整个天空似乎都被点燃，那大火肯定有上百英尺高"。火海中的水手们纷纷跳海求生，却发现海上也是一片大火。"圣埃米连诺"号装载了12000吨汽油。那天夜里，船上48位船员，只活下来7个人。

在战争期间，大西洋上货轮水手丧生的比例竟大大高于军人。到1945年战争结束时，有3万多商船上的水手丧生。这对非战斗人员来说是可怕的情况。即使如此，在大西洋的护航行动中，却从未有过人手不足的现象。1941年起，英国在与

↑遭到U艇攻击的英国商船。

↑1942年3月"迪西·阿罗"号油轮在哈特拉海岬被U艇击中燃烧。

德国作战的同时，也开始运送物资支援苏联。北冰洋水域航运也是项坚苦的工作，也要求机智勇敢。有时货轮航行在那片水域，比如要航行到苏联西北部巴伦支海的摩尔曼斯克港，甚至比在大西洋里航行更加危险。

许多货船不得不在危险的冰冻的海面上航行，还经常遭到德国空军的袭击。

1940年和1941年，德国人不断袭击英国的货船——冬季是潜艇的休眠期，但两艘德国的战列舰，"沙恩霍斯特"号和"格奈泽瑙"号就击沉了20艘商船。另外两艘装甲舰——"舍尔海军上将"号和"施佩海军上将"号，则击沉了23艘之多。"舍尔"号甚至还冒险远航到印度洋去打击从东方英国的殖民地到其本土的补给线。

1941年5月23日，在丹麦海峡，两艘皇家海

→到1945年战争结束，有三万多商船上的水手丧生。照片中的这个人虽然活了下来，但受了重伤。

军的重型战列舰"胡德"号和"威尔士亲王"号，与德国最大的战列舰"欧根亲王"号和"俾斯麦"号相遇。战斗一开始，"胡德"号就被击沉，它的船尾被打中，1418名船员中只有3人逃生。

不过仅仅过了两天，德国人就为他们的胜利付出了高昂的代价。从"皇家方舟"号航空母舰上起飞的鱼雷攻击机袭击了他们，"俾斯麦"号被击伤，操纵装置被破坏，方向舵被堵塞，再也不能动弹，只能原地不动，这成了巡洋舰"多塞特郡"号的3枚鱼雷的极好目标，"俾斯麦"号于5月25日星期天上午10点30分和它的2000名德国水兵一起葬身大海。

但是在其他战场上，英国人很少取得胜利。

一个引人注意的例外是在1941年3月8日。当时英国的护卫舰OB293号与多艘德国潜艇相遇，其中有曾在1939年击沉"皇家橡树"的京特·普里恩和他的U-47号，还有奥托·克勒西默上尉这样老手和另外一些经验丰富的潜艇指挥官。英国护卫舰的深水炸弹击中了两艘潜艇，其中一艘被迫投降。而U-47号为避免英国驱逐舰"沃尔伏宁"号的撞击，迅速潜入水中。但这次，那重创的潜艇被完全摧毁了，无人生还。仅仅数天之内，又有两艘潜艇葬身海底，其中包括奥托·克勒西默的潜艇，不过他本人倒是活了下来，并在战俘营

↑PPSh-41冲锋枪是第二次世界大战中红军最优秀的武器之一，生产了几百万支。

里度过了战争年代的剩余时光。邓尼茨失去了普里恩和克勒西默这两位最优秀的潜艇指挥官。

此刻，约有100艘德国潜艇在大西洋里四处出击，这样就使英美两国之间的"租借法案"显得至关重要。罗斯福在1941年他自己历史性地第三次当选为总统之后，说服了美国国会，必须给英国"所有战争所需之物"。这个"现金支付加货运"的方案就此生效。尽管美国不参战，但罗斯福宣布说，美国应准备成为"民主世界的兵工厂"。大约有50艘战舰借给英国，而美国军队也到冰岛驻扎，美国海军宣布它会保护冰岛与美国之间"各个国家"的航运。实际上，这就意味着保护英国的商船，因为几乎有一半英国船要经过北冰洋地区。在1941年9月4日美国驱逐舰"格里尔"号跟德国潜艇发生正面冲突后，罗斯福宣布，"从现在起，如果德国或意大利的战舰进入这些水域，也会处于危险之中"。虽然这是非官方的说法，其实已经是宣战了。

大西洋上的护航能力在美国驱逐舰的支援下得到了增强，英国也逐渐改进了反潜战术和策略，到了1941年的下半年，货运的损失明显减少。11月，邓尼茨得到命令，潜艇行动要转到地中海地区，时间为两个月，以支持德军非洲军团的补给线。邓尼茨后来说这是"非常不合理的"。

不过，1941年12月7日，日本偷袭珍珠港之后，美国的参战使战局顿时改观。但是美国最好的战舰都在太平洋对日本作战，它很快就发现自己没有护航的商船也都处于危险之中。而此时，邓尼茨有近200艘潜艇，他还趁机改变了"狼群"战术。1942年最初的6个月里，德军潜艇在美国的领海内、墨西哥湾以及巴西沿海一共击沉了300多艘船只。整个一年时间里，有1000多艘盟国的货船被德国潜艇击沉。而英国也不得不忍受德国长达三年之久的封锁带来的极为严重的物资匮乏，特别是燃油短缺，同时皇家海军遭受的创伤也变得难以承受了。

但是，渐渐地，德军开始进入守势了。科学的发展带来新的武器和仪器、新的战术使用还有大规模建造战舰等各种有利因素的综合作用下，英国最终得救了。现在，有了美国巨大的工业生产能力作后盾，英国的商船被击沉的机会大大减少。护航舰队的数量大为增加。到1944年，英美海军每一次护航任务可以派出30艘战舰，这是1942年的4倍多。

这些护航舰队经系统化的以反潜为目的整合，由英国海岸司令部统一协调；经过严格和良好训练的飞行员驾驶的新型远程轰炸机保护着护航舰队。反潜行动也涌现出一批经验丰富的专

↑ 正在监视睡眠情况的德国潜艇兵。

↑ 托卡列夫TT-33手枪。

潜艇战

在长达6年的海战中，总共有785艘德军潜艇被盟军的飞机和战舰击沉。而德军潜艇给海上运输造成的损失几乎无法统计。

每艘潜艇有40名艇员，潜艇装备5具鱼雷发射管，分别在艇艏和尾部，鱼雷有自动操作系统，可以直接撞击船吃水线下的船体，也可以在离目标一两米的水下就开始发动，利用磁性引爆。

潜艇里的生活条件极为艰苦。艇员舱室狭小幽闭，潜航时要求集中精力。潜艇在水下行驶非常缓慢，速度不超过三节，潜艇自带的电瓶会很快消耗完，所以每隔一段时间就要浮上水面给电瓶充电。这个时候，要是遇到空袭，那正是潜艇最为脆弱的时候，尽管有那种每分钟可打出6000发子弹的重机枪，它们还是得快速下潜。如果这一摆脱敌机敌舰的行动失败，就只能设圈套来试图欺骗敌人侦听系统。那真是一个绝望的时刻，因为只要有一发炮弹或炸弹命中，潜艇就会沉没。

潜艇最后的防线是潜入水中，在水下静候良机。这时候，压缩空气会慢慢变得稀薄。要是在即将被闷死情况下，艇员们也许不得不投降，交出潜艇，这又会让敌人得到潜艇里的重要情报，比如密码。

在这样两难的时刻，船员们只能静静地等待，屏住呼吸，节约氧气，并静听盟军声呐里所泄露的信息。当空气用完时，他们就得浮上海面为生存战斗，或者投降。

在潜艇里生活的确要求高度的组织纪律性和极强韧的神经。

↑ 一艘潜艇艇长正用潜望镜搜索猎物。

←T–34/76C型坦克。

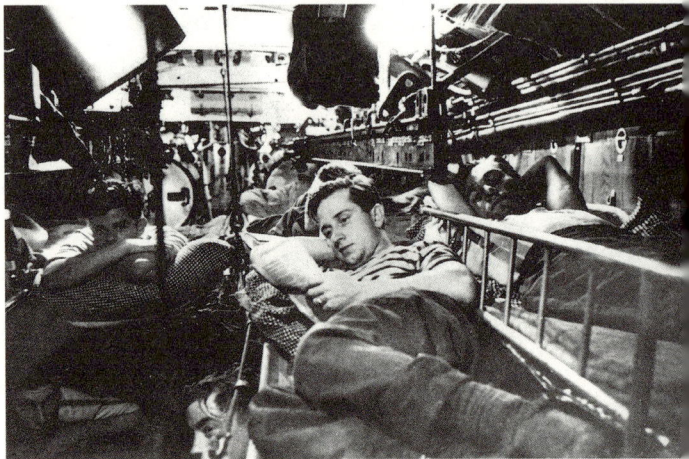
↑ 正在狭小的空间中进行休息的U艇艇员。由于空间狭小，很多艇员的生活空间也非常狭小，长时间潜航对艇员的身心都是极大考验。

家，像英国的约翰尼·沃克尔上校。新的深水反潜技术也得到了很大的发展，护航舰队可以截获德国潜艇的无线电信号从而知晓敌人的动向，并采取相应措施。最为关键的是，新的短波雷达技术可以使战舰和飞机能够日夜准确地跟踪德国潜艇，不论它们是在水下还是在海面上。

因此，游戏跟以前完全不同了。邓尼茨的潜艇指挥官们发现自己的行动完全被对方所掌握。从1942年下半年一直到1943年，尽管邓尼茨的"狼群"已有400多艘潜艇，造成的英国的损失也持续攀升，但潜艇的损失也越来越多了。

转折点发生在1943年5月，邓尼茨在这个月损失了41艘潜艇，并遭受了个人的不幸：他的儿子也在其中一艘潜艇上服役。"这些代价太高了"。邓尼茨对希特勒说，他请求暂缓在北大西洋的潜艇行动。从5月到9月，在这一地区没有任何盟国的船只被德国潜艇击沉。相反，两艘英国的小型潜艇在9月份还取得了一次大大的胜利，它

↓ "弗拉克"18型88毫米榴弹炮。

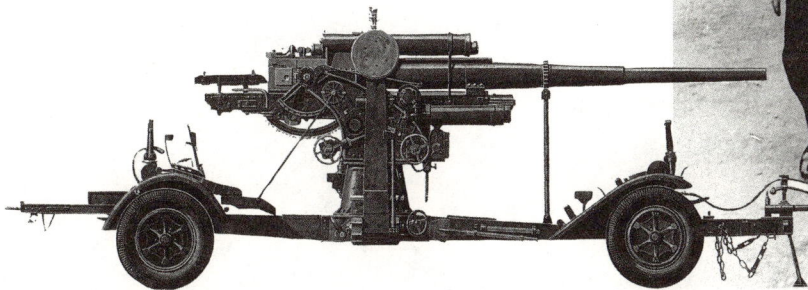

←1943年7月，海军上将邓尼茨视察驻扎在英吉利海峡的德国海军部队。尽管潜艇战取得了成功，但代价巨大。在1939—1945年间有25000名德国潜艇水兵丧生。

们偷偷溜进挪威的阿尔塔峡湾，击伤了正那里停泊的4.2万吨的德国战列舰"提尔皮茨"号，使它无法参战。

↓ 德国巡洋舰"施佩海军上将"号在基尔港的船坞里伪装，后来它被俘获。1943年以后，德国海军就丧失了制海权。

到了1943年的秋天，邓尼茨才开始重新恢复北大西洋的潜艇行动，但势态已经变了。德国人改进了某些技术，包括鱼雷发射和电瓶充电等的新装置，但是德国的潜艇再也没有在对峙中占过上风。在1944年的头三个月里，只有3艘盟国商船被击沉，而邓尼茨却损失了29艘潜艇。

邓尼茨的行动一直持续到战争结束之时，但对英国的货运来说，大的危机结束了。

↑ 德军在沙漠掩体中建立的MG-34机枪阵地。

第九章 北非之战

隆美尔

1941年到1943年的北非之战是一场事先不曾想到的冲突，但它最后却造成了双方的重大损失。它开始于英国和意大利之间不起眼儿的领土的争夺战，却最终把双方拖进了成百上千辆坦克、大炮参与的一场大战，而参战的士兵更是来自波兰、印度、新西兰、澳大利亚和南非等多国，当然，肯定还包括法国人、意大利人、英国人和美国人，还有德国人。

阿道夫·希特勒在一开始并没有对北非表现出什么特别的兴趣，但部分地由于这一地区的司令官埃尔温·隆美尔将军业已获得的英雄形象之需求，希特勒答应对隆美尔实施增援。沙漠战的战场是巨大的，荒凉的岩石和沙子有着自己独有的特点和法则，对参战的人也有着独特的要求。

1941年2月9日，隆美尔将军带着两个德国装甲师抵达北非，他的任务只是支持意大利军队。1940年的希腊和阿尔巴尼亚之战中已经证明了意军虚弱之极，而八周前，他们又被英国人赶出了埃及，事实上，意大利人正面临着被逐出非洲的危险。

隆美尔估计了形势之后，很快得出结论：进攻是最好的防御。1941年3月31日，他甚至没等到他的非

↓为保卫托卜鲁克作准备，英军在工厂里修理一辆坦克。

阿拉曼——"快步"行动

为了分散海岸防御力量
而发起的佯攻

北

阿拉曼——
"快步"行动
1942 年 10 月 24—29 日
← 盟军进攻
10 月 24 日盟军阵线
10 月 29 日盟军阵线

0　　　　5 千米
0　　　　5 英里

西迪阿布德拉赫曼

XXXX 非洲
隆美尔

XX 90

XX 的里雅斯特

XX 15

XX 164
萨克森

埃萨

阿卡基尔

XX 利托里奥

基德尼
山脉

米特埃亚山脊

XX 第9澳大利亚师

利斯

XXX

阿拉曼

XX 51

XX 第2新西兰师

XXX 姆斯登

XX 第1南非师

XXX

XX 第4印度师

XX 1

XX 10

XXXX 8
蒙哥马利

XX 博洛尼亚

X 部分 拉姆克

XX 希腊

哥韦赛特山脉

XX

XX 50

XX 21

X 部分 拉姆克

XX 44

XX 阿列特

XX 福勒戈尔

XXX XIII
霍罗克斯

XX 帕维亚

XX 7

X 拉姆克

塔卡普拉多

X 自由法国

XX 凯尔大队

希米马特

盖塔拉洼地

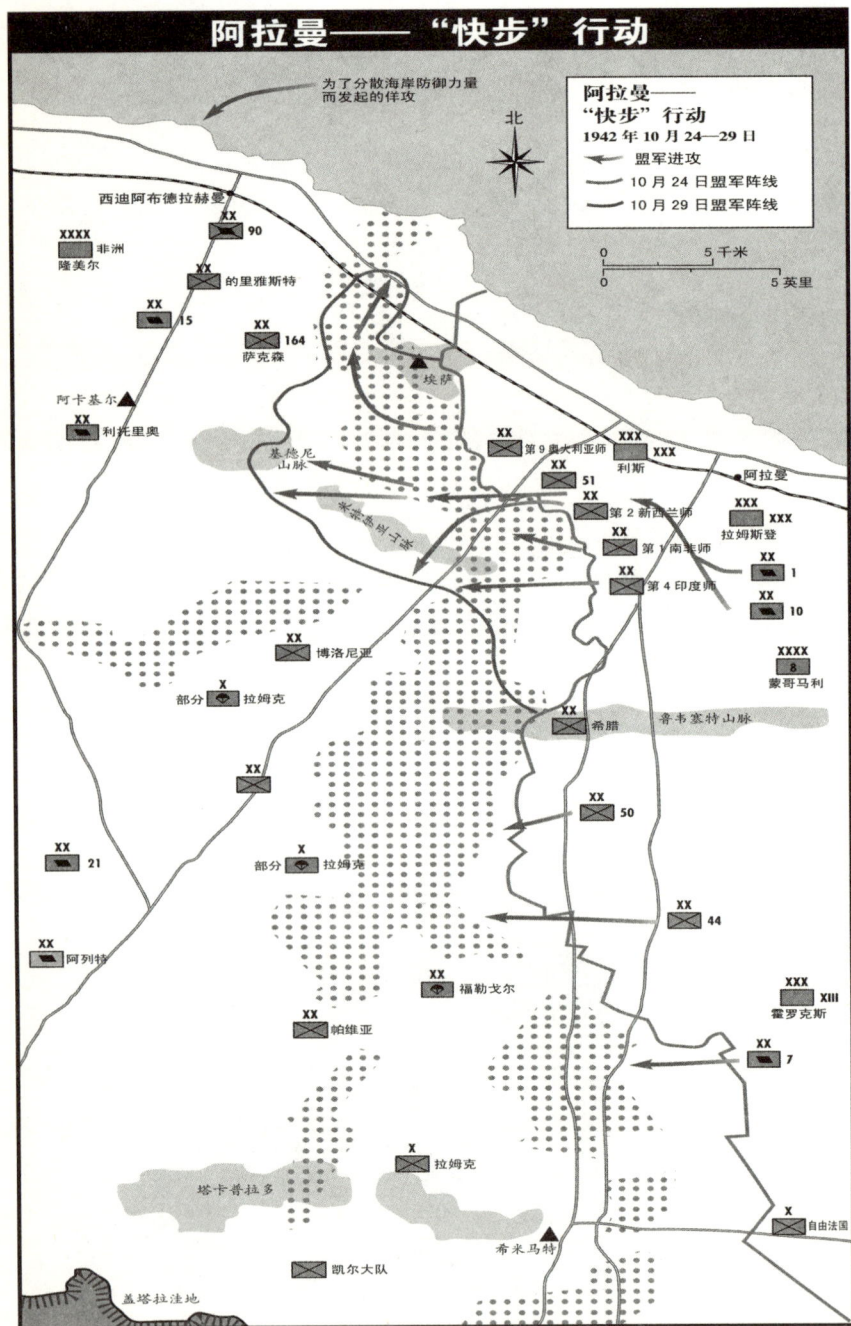

洲军团全部兵力的到来，就对他面前的英军阵线发动了进攻。英军已经在最近的希腊战争中筋疲力尽，他们的战线伸展得太长，面对隆美尔快速而凶猛的攻击根本就没做好准备。隆美尔的军队数天之内就横扫英军阵地，俘获英军司令官奥康纳将军，把英军赶出了意大利的属地昔兰尼加，并向东直逼埃及。只是由于澳大利亚军团第9师的坚守，隆美尔才止住了攻势。澳军指挥官莱斯列·摩尔舍德将军在他的部队准备防守利比亚的托卜鲁克时对士兵说："这里不会是敦刻尔克。"

隆美尔的推进速度让双方都大为吃惊。他最初的任务不会比一场"阻隔行动"更重要，但是现在他却要向埃及进军，并占领生死攸关的苏伊士运河，那可是盟国必不可失的生命线，没有了它，中东地区和印度的物资不能运送，英国就有可能因物资匮乏而退出战争。而在亚历山大港的英国舰队一旦遭受重创，轴心国的军队就可以畅通无阻地经过中东并从南面攻打苏联。为了防止这个局面出现，英国不得不增援并重组北非战场的部队，而且越快越好。

这一地区的英军司令官阿奇博尔德·韦维尔将军被克劳德·奥金莱克将军取代。这也许是不公平的。韦维尔在当初对意大利人取得决定性胜利的时候，就对削弱他的兵力提出了警告，当时他胜利在望，却不得不听令调兵去希腊。

现在，很明显，德军更难以对付。奥金莱克

手下有英国人、印度人、澳大利亚人、新西兰人和南非人，他把这些部队整编为一个单独的第8集团军，但他们的装备很差。在托卜鲁克被围两个月后，盟军于1941年6月发动了一次代号"战斧"的大规模进攻，想减轻了托卜鲁克的压力，但是那200辆英国的新式坦克遇到了大麻烦。隆美尔在法国时就是有名的装甲师指挥官，他手下训练有素的装甲部队机动性强，很适合沙漠作战。相反，英军还是新手。德军的4型坦克的性能在各方面都远比英国的坦克要好很多，而且他们还有威力强大的88毫米反坦克炮的支援。这样一天内，就有一半的英国坦克被击毁，"战斧"计划被迫取消。

直到1941年9月，小心谨慎的奥金莱克将军才准备再次进攻。这一次，"十字军战士"行动成功地解除了德军对托卜鲁克的包围，还从意大利人手中重新夺回了昔兰尼加。此外，利比亚的小城班加西在圣诞前夜被夺回，经过5天的战斗后，非洲军团被迫撤退。

以后这些地方还会多次发生激烈战，双方反复争夺，而双方的每场胜利对于英国和轴心国的在补给上面造成的影响要远远高于军事影响本身。在接下来的两年时间里，补给的成败决定了北非的战事的成败。

如果没有食品、燃料和弹药，任何军队都不能行动和作战，在沙漠之战中，对这些就更为敏

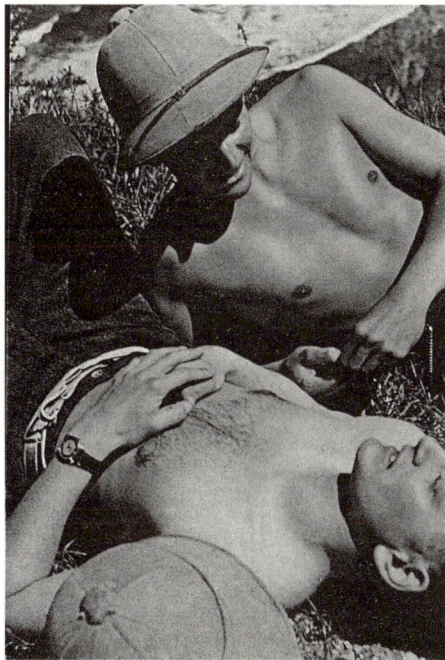

↑德军在北非战场上扭转乾坤，成为意大利人的大救星。图为在正在休息的德军士兵，穿着北非热带军服，沉浸在胜利的喜悦当中。

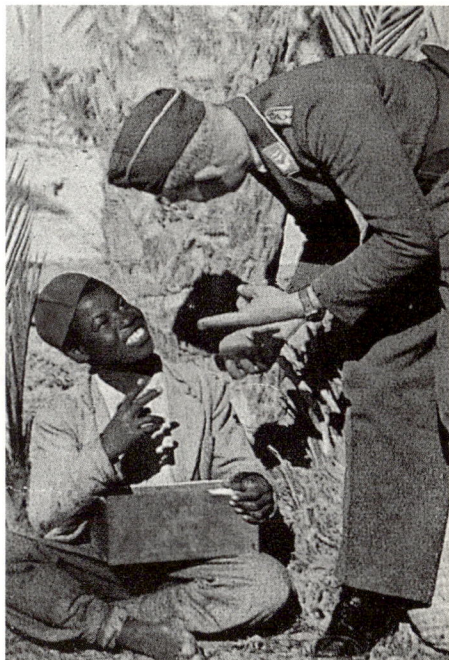

↑打一场连希特勒都没有准备的战役，非洲军团为战役早期辉煌的战果欢欣鼓舞。

感。隆美尔的非洲军团要想得到补给，就只能通过地中海的航运，而皇家空军和皇家海军则要尽最大努力破坏这条补给线。补给决定成败，非洲军团就曾因燃料不足而导致进攻班加西失利，那里是盟军重要的汽油和弹药存放地。

而尽管托卜鲁克没有什么战略价值，却也因为存有大量的食品和物资而显得很重要。1942年6月21日，隆美尔和手下占领托卜鲁克时，除了脸色苍白的3.5万名投降官兵外，还兴奋地发

→一个德国士兵正观察空旷的沙漠，那里就是战场。在这样的环境里，食品和水生死攸关。

现了数千吨的水果、番茄、香烟和罐装啤酒。

1942年1—5月，隆美尔一直忙于设法保障补给线的安全，而英国人则努力巩固他们在加扎拉沿线的阵地，那些阵地从沿海的平地一直延伸到利比亚的断崖绝壁。英军已经开始习惯了在沙漠里日复一日的生活中遇到的各种难题了：终年缺水；沙漠里极大的温差使人白天被烘烤，夜晚被

冻伤；还有一望无尽的沉闷景色，被士兵们称之为"到处都是一望无际的该死的沙漠"。军纪也松弛下来，官兵之间建立起了独特的毫不经意的关系，这和受训时所教导的一点也不一样。英国人在沙漠里自称为"沙漠之鼠"，那也是对他们的能力的高度赞誉。同时，他们也对敌人的能力表示了极大的尊重，特别是对德军将领埃尔温·隆美尔，英国人称他为"沙漠之狐"。英国人的意思是，非洲军团都是些有荣誉感的人，这方面远比意大利人强得多。

1942年5月，隆美尔再度进军。自由法国军队守着加扎拉防线的南端，他们尽力击退了德军的攻势，但是当德军装甲师从南部横扫战线时，英军就开始撤退。隆美尔手里能参与行动的坦克不到60辆，但他仍冲向埃及。托卜鲁克再次陷落。

在意大利，法西斯独裁者墨索里尼以他一贯

↓"容克"Ju-52/3M型运输机。

非洲军团与"沙漠之鼠"

在整个沙漠战期间，英国第8集团军与德国非洲军团之间保持着一种独特的相互尊重的奇怪的关系。部分原因是非洲军团中没有党卫军部队（党卫军部队负责处理军队中的犯罪行为以及威胁战争的平民活动，他们没有参与非洲战争），另一部分原因似乎是因为双方都有一种真正的骑士精神。这也反映在隆美尔和蒙哥马利之间的关系中，他们彼此尊重。正如一名"沙漠之鼠"（英军第6装甲旅）的士兵后来回忆的，他和他的战友们觉得对手是"一种优秀的男人、优秀的战士和将军"。

↑英军向德军坦克冲锋。

马耳他

对盟军来说，位于地中海中央的马耳他岛对于切断敌人到北非的补给线，是一个具有战略意义的基地。从1940年到1941年，由皇家空军的飞机和海军的潜艇发动的袭击取得很大的成功，以至于希特勒紧急从正在激战的大西洋抽调25艘潜艇来解除英军潜艇的威胁。在英国打击敌人的航运接连成功之后，希特勒又决定派出强大的空军力量来对付马耳他岛上的英军基地。从1941年年底，马耳他遭受了持续不断的狂轰滥炸，德军飞机要把这个岛彻底"中立化"以作为入侵的前奏。

马耳他岛上的生存条件是令人震惊的。皇家空军和防空部队尽力保障岛上关键的飞机跑道能够供飞机起降，但是到了1942年春季，马耳他几乎遭到日夜持续不断的轰炸。岛上的三万居民大为减少，很多居民被迫搬进山洞生活。因为无法通过德国潜艇的封锁，往常要从直布罗陀运来食品和物资的货船，也只能暂停航行。但这些都不能让马耳他岛上的人们意志消退，岛上的总督威廉·多比爵士常常发表激动人心的广播演说来鼓舞民众。

1942年4月底，47架皇家空军的"喷火"式战斗机飞来以防御马耳他，并试图重启航运通道，但当战机在机场加油时，德国空军突然展开攻击，摧毁了大部分英军飞机。此后皇家空军又派出60架战机继续执行这一任务，但又一次差一点重蹈覆辙。

1942年6月，两艘补给船突破重重封锁从直布罗陀抵达了马耳他，接着到了8月，更多的补给运来了。这时，希特勒正在重新考虑他的入侵马耳他的计划。在整个马耳他之战中，近1500名平民被害，1000架皇家空军的飞机被击毁和击落，但正是这一战略要地的存在，成功切断了德国和意大利对北非的补给，非洲军团得不到充足的弹药、燃料和食物，从而注定要失败，这也是交战双方都明白的事实。马耳他的全体居民因此被授予乔治十字奖章，这是战时勇敢的平民所能获得的最高荣誉，这是由乔治六世国王设立的奖章，以"表彰那些具有英雄主义情怀和爱国主义感情的人，他们将在历史上流芳百世"。自此，乔治十字奖章也成了马耳他官方的象征。

↑在马耳他遭空袭期间，一队防空兵正在布置阵地。

特有的傲慢张扬奢华的方式，要求准备一匹白马，他要骑在上面跟着胜利者德军的坦克一起进入亚历山大城。在开罗，为防止陷落，英国中东总部的参谋人员们烧掉了所有的文件，准备撤退，而英国舰队也从亚历山港驶向红海。

正当此时，1942年10月23日，英国第8集团军在埃及北部离亚历山大城只有65英里的阿拉曼发动了反击，防线的坚守和突破就是生死之战。

↓He-111H-16型轰炸机。

→具有超凡魅力而战果辉煌的德国非洲军团的司令官埃尔温·隆美尔也许是德国最优秀的陆军元帅。他的战术天才为他在英国人中间赢得了荣誉，英国人称他为"沙漠之狐"。

→一名德军士兵在西部沙漠挖单人掩体。由于士气低落和指挥官缺席，非洲军团最终在1943年春被盟军击败。

蒙哥马利

在地中海和巨大的无法通过的撒哈拉沙漠之间，有一条狭长的小路，交战双方都对这条窄窄的通道感兴趣，因为这是唯一进出埃及的走廊。英国第8集团军在这里部署了四道防御性"方阵"，挡住了德军坦克四天以来一波又一波的冲击，直到隆美尔看到部队已经筋疲力尽，而且又远离补给线，才被迫下令撤退。

在这同一时间里，温斯顿·丘吉尔再次对他的北非军队进行调整，他用哈罗德·亚历山大爵士取代了奥金莱克将军，并指派伯纳德·蒙哥马利将军负责指挥第8集团军。

蒙哥马利的抵达很快振作了人们的士气。他开口便对一名手下的旅长说："弗莱迪，你的人看来把事情弄得一团糟。好吧，现在你们有什么办法？"蒙哥马利是出了名的谨慎和耐心。除非他的士兵们都有了完好的装备，否则他不会前进一步。他仔细研究隆美尔的战术，自信知道如何战胜"沙漠之狐"。他说，"隆美尔喜欢接近攻击我们的装甲部队"，他因此计划不再把英军坦克布置到前线，从而置于隆美尔的反坦克炮的射程以内，相反他命令挖掘战壕，等着隆美尔找上门来。蒙哥马利希望获胜的保证在于用充分的时间准备迎战。他说："给我们两周的时间，让隆美尔做他喜欢做的，我们就会打败他，局势会转向有利于我们。"

蒙哥马利是对的。隆美尔在1942年8月3日的进攻最终失败了，他不得不放弃进攻。而在此以后，他也没有条件重新发动进攻了。但蒙哥马利一直等到两个月后才发动反攻。隆美尔是冲动的、热情的，蒙哥马利则是谨慎的、理智的，两人性格完全相反，但又似近乎完美的对手。

1942年10月23日，漆黑一团的寂静的沙漠之夜被暴风雨般的炮火和夜幕下耀眼的炮火映照下冲锋的士兵和坦克所打破，英军对德军阵地开始了攻击。那些场面成了战场的经典镜头。蒙哥马利集中了几乎是敌人的两倍的20万人，调集了近1000辆坦克，其中大部分是从美国租借来的新式重型"格兰特"M3型。接下来的三天三夜里，第8集团军逐渐向德军防线施压，直到新西兰部队主导的"增压"行动突破。这是一次决定性的胜利，非洲军团从此走向了末路。从那时起，盟军掌握了主动。

阿拉曼战役成为转折点，它不仅决定了英国人在北非的前途，而且对整个战争也是如此。丘吉尔后来宣称："阿拉曼之前，我们是生存者；阿拉曼之后，我们是征服者。"一个英国士兵评价阿拉曼之战说："对我们来说，很清楚，那是最后第一次世界大战；如果我们输了，每个人都会完蛋。"

全世界的人们都因此感受到德国人终将失败的命运。这是大战中第一次，德军坦克和部队在战斗中被彻底打败。大英帝国得救了，英军的作战能力也得以证明。对隆美尔来说，这是一系列不断后撤的开始，尽管他的部队仍经常打得很漂亮，但他开始走下坡路了。他还将遇到一个新的敌人。

早在四个月前，经过两个盟国间热烈的讨论后，就拟订好了英美联军登陆西北非的计划。因为急切地想开辟第二战场以协助被德军包围的苏联，美国最初计划直接从法国侵入欧洲，但英国人远没有准备好这样重大的军事行动，从而坚决

↓伯纳德·蒙哥马利将军和一个军中牧师一起完成祷告。蒙哥马利是隆美尔完美的对手。他在阿拉曼战役中的胜利成为沙漠之战的转折点。

→由于车辆紧张和后勤不足，很多德军只能徒步穿越沙漠。

否定了美国的方案。最后，双方达成一致，希望既能减轻苏联战场的压力，又能协助英军在沙漠里的战争，这就要求盟军在法属摩洛哥和阿尔及利亚登陆，那里现在由贝当元帅领导的与德国合作的维希政府控制。盟军很快确立这次行动由美国的德怀特·艾森豪威尔将军指挥。尽管美国刚刚参战不到一年，而英国已经打了近三年的仗，英国人也曾想过在英美双方合作中起主导作用，正如美国将军约瑟夫·史迪威所说："英国佬想让我们还没有准备好就匆忙地行动。"因为美国人，如果说不是未成熟的，那么也可以说是大战中的新手。但在一系列资源上，比如人力、武器和装备上，美国要远远强于英国，美军在战争

中有着更高的地位。尽管它还没有跟强大的纳粹德国进行直接较量。

"火炬"行动

1942年11月8日，"火炬"行动实施。总共有650艘英美的舰船集中在北非沿海，联军在阿尔及利亚的阿尔及尔和奥兰以及摩洛哥的卡萨布兰卡登陆。在同一时间，自由法国地下抵抗组织按计划应该负责破坏当地的军事设施和通信系统，以协助盟军的行动。但很不幸，这一计划没有完全成功。因而在相当多的地方，登陆盟军遇到激烈抵抗。在奥兰，尽管罗斯福总统发表广播演讲，

对惊讶万分的当地人说，"我们以朋友身份而不是以征服者的身份来到你们中间"，法国人还是一看到盟军上岸就猛烈开火。在卡萨布兰卡，3.5万名美国士兵在登陆过程中遇到麻烦，一些登陆船在大海里倾覆，很多人还没有上岸就被淹死，而上了岸的士兵发现他们的部队被打散了，因此不得不等着新的命令再行前进。在卡萨布兰卡，当地法军的抵抗持续了三天之久。只是在阿尔及尔，登陆部队没有遇到大的挫折，不过这看起来更是幸运而不是因为恰好有计划。一个美军士兵说："我们没有受到什么抵抗。但是如果有的话，那么我们在水里根本不可能应付敌人的火力。"

法国很快谴责"火炬"登陆行动。贝当元帅宣布，"法兰西和它的荣誉处于危难之中"，他保证说"我们将保卫我们自己"。但是现在，轮到艾森豪威尔努力要跟法国达成一个秘密协议了。他派人跟法国海军总司令达尔朗上将接触，尽管盟国和德国全都不信任达尔朗，他是一个有名的反英分子，但此时也没有什么其他更好的选择，至少法国人承认达尔朗在北非的权威。艾森豪威尔给了达尔朗一个诱人的条件，如果他能支持盟军的行动，他就可以全权掌握法国在这一地区的所有国际事务。达尔朗接受了这一条件，很快法军停止了抵抗。

↑德军正在查看一架被击落的美军P-38"雷电"战斗机。虽然德军拥有素质更高的飞行员，但随着战争的继续，盟军的兵力优势让德军苦不堪言。

←德军的一个野战机场。兵力匮乏和补给不足使得德国空军疲于奔命。

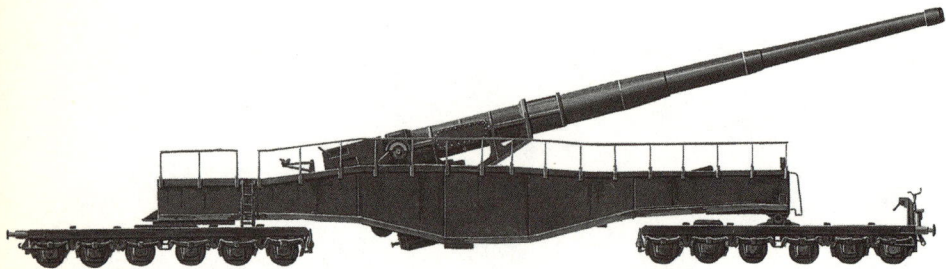

↑280毫米K5（E）轨道火炮。

突尼斯

不过，这一交易大大激怒了柏林，因为达尔朗支持维希政权，德国因而长期把他看作是一名同情纳粹分子。

当然，也正是因为达尔朗拒绝与英国人合作，早在1940年7月3日，在凯比尔港几乎全部法国海军战舰都被皇家海军摧毁或重创。

自由法国的戴高乐将军也极为生气，至少他事先对艾森豪威尔的交易毫不知情。戴高乐警告盟军，"你们不能对法兰西趁火打劫"。法国人的恼怒不仅停留在口头上。1942年的圣诞前夜，达尔朗被一个法国人暗杀。

在这些台前幕后的各种政治斗争继续之际，德国人对盟军登陆做出了迅速反应，他们在11月11日入侵并占领维希法国。德国人还试图俘获土伦港其余的法国舰队。希特勒计划用这一舰队支持北非军团，但在11月27日，法国水兵们凿沉了军舰因为他们不愿意让战舰落入纳粹之手。

在盟国最高统帅部忙于谈判的时候，盟军已经开始向前推进了。英国第1集团军向突尼斯进军，希望能打败从西西里远道跨海而来到突尼斯港的德意增援部队。

而美军在龙斯普山之战中第一次尝到了战斗的滋味，他们面对德军重兵防守的阵地最终失利。尽管落后的装备、恶劣的天气相比缺少战斗经验，对这次失利起了更大的作用，可英国人还是固执地认为美军不行。英国最高统帅部很快就抱怨说，"美国人没有什么战斗价值"，他们也抱怨艾森豪威尔的战术上的缺点，说他是一个"书桌"将军，从来没有实战经验。蒙哥马利对艾森豪威尔用一句话概括说："是个好小伙，却不是个好将军。"英国人担心的是，他们的美国盟友没有什么训练，没有什么纪律，在战斗中更没有什么指望。而美国人却感到，在他们力量加强之前，战线拉得太长了。当美军第1装甲师被德国的一次突然袭击打得措手不及时，他们的名誉更是大大受损。奥马尔·布雷德利以他一贯的直率说："我们的战士，大部分都丢盔弃甲，望风而逃。"

对美军的严峻考验很快就来了。隆美尔的非洲军团受迫于蒙哥马利的第8集团军，向西撤退的过程中，突破了突尼斯卡塞琳隘口的美军防线，这样就给盟军后方造成了威胁。蒙哥马利及时赶到，迫使隆美尔后退，美军这才重新占领隘口。但是已经有3000名美军被德军俘虏，还有大约300人战死。

这一惨痛的教训，使艾森豪威尔在卡塞琳隘口之战后做出了一系列重大的决定。他把盟军行动的指挥权交给副手、英国将军哈罗德·亚历山大爵士，然后把有争议的乔治·巴顿将军调来接管并重新训练美国第二集团军。

巴顿的表现使他成为最胜任这一工作的人。他到处耀武扬威，炫耀他的两把镶有珍珠的手枪，他的部下很快给他取了一个绰号"生猛老头儿"。他的影响很快众所周知，甚至连蒙哥马利也惊讶"美国人适应战争的速度之快"。一旦有了良好的训练，加上新的优良的坦克和其他装备，美军就变得跟以前大不一样了。隆美尔后来说，正是美国人"缺少人们的尊重并以为他们没有什么军事思想"的情况下，使他们能迅速地修

↑盟军行动前夜，战场上一名死去的德军士兵。到"火炬"行动开始时，非洲军团已经在撤退途中了。

"火炬"行动

1942年11月8日 "火炬" 行动中
盟军登陆方向和行动
盟军空降登陆地
飞机场
德军空降反击方向

地中海

撒丁岛

马约卡岛

巴勒莫

东线部队
（英）

比塞达

波纳

西班牙

中央部队
（英）

阿尔及尔

贝贾亚

突尼斯

君士坦丁

西线部分
（美）

丹吉尔 直布罗陀

奥兰

斯法不克斯

泰贝萨

梅利利亚

奥亚良斯维勒

迈迪亚
拉巴特

西属摩洛哥
非斯

特莱姆森
乌季达

比斯克拉

加贝斯
突尼斯

卡萨布兰卡

阿特拉斯山脉

图古尔特

萨菲

艾因塞弗拉

阿尔及利亚

摩洛哥

盖尔达耶

贝沙尔

利比亚

0   英里   300
公里   400

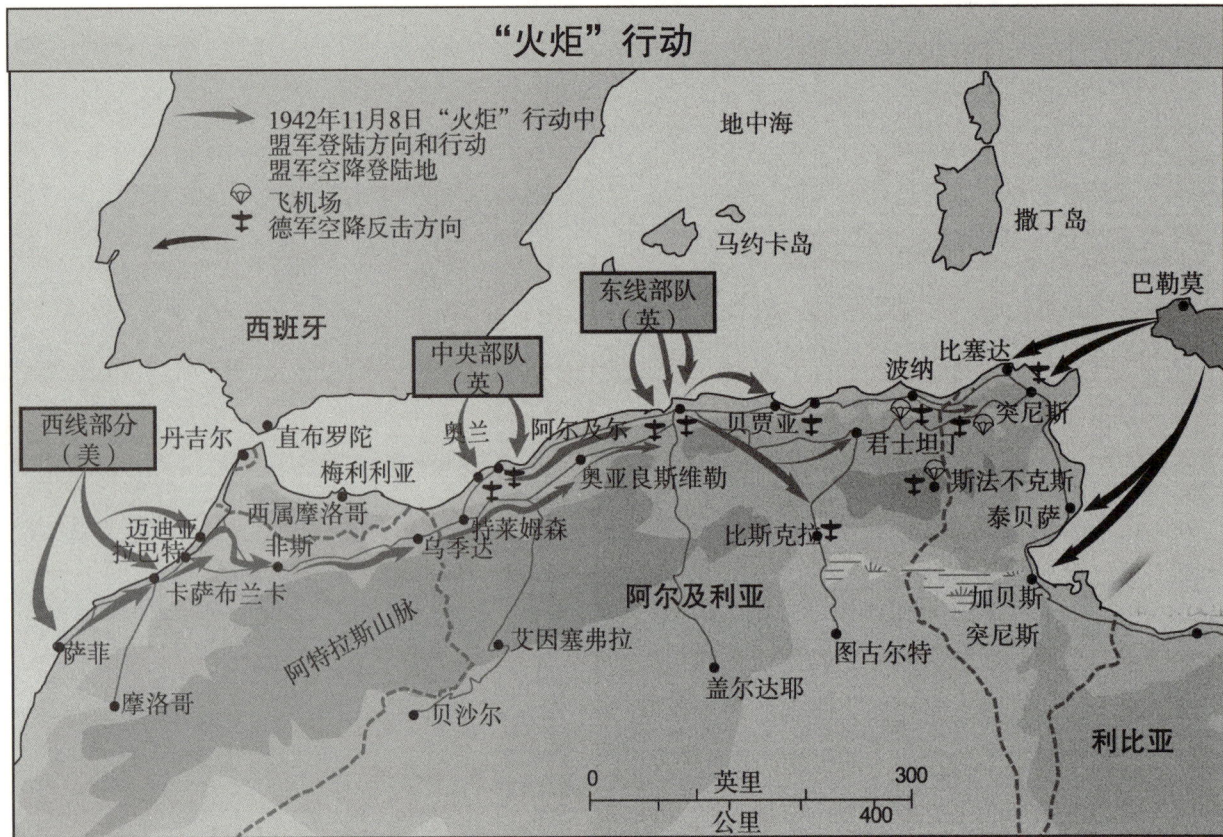

↑维西法国政府在北非最终投降并加入了盟军，使得德军在北非西部的门户洞开，德军的防御力量越来越力不从心了。

正自己的战略。

对隆美尔来说，非洲战役现在是结束的时候了。在沿着重兵把守的马雷特防线的一系列军事行动都遭受了失败的情况下，他不愿重组部队，希特勒在1943年3月把他调回德国。

盟军的胜利应该归功于英国人、自由法国人、新西兰人和美国人的出色的组织能力，而大部分进攻也是在夜间发动的。这就更需要盟军各部队之间良好的协调配合和出色的组织能力。

因为隆美尔的离开，非洲军团由约根·冯·阿尼姆将军指挥，但他们最终落入了英美盟军在突尼斯东部的邦角半岛设下的圈套。德军退到海边，准备对敌人进行包围。但是，月夜里英国坦克的冲锋让他们大吃一惊，他们别无选择只有投降，尽管希特勒命令他们战斗到底。1943年5月12日，近25万德意军队的被俘，给沙漠之战画上了一个完满的句号。

盟国在北非战役的胜利给整个战局以极大的

影响……一百多万德意军队和大量的装备白白损失掉了……这些损失和他们在苏联遭受的损失一起，使得德国再没有从打击中恢复过来。

对英国人来说，这一持续了三年的战役，在人力和物资上的消耗也是巨大的。而仅在突尼斯，就有20000名美军伤亡，但是美军也在战斗中证明了自己的能力。这场战役也是英美军队第一次并肩作战，尽管他们继续彼此猜忌，但是北非的登陆行动和后续的作战也证明了他们的联合力量是无法估量的。

盟军最高统帅部现在把注意力转向登陆法国的问题。而北非战役的结束，意味着盟军现在可以从容地对付意大利了，那正是希特勒的"欧洲堡垒"中的"柔软的下腹部"。

→ PzKPfw4型坦克是德国在第二次世界大战中制造数量最多的坦克，它给德军带来的影响是不可估量的。

→800毫米轨道"古斯塔夫"火炮。

↑苏联T–34型和T–26型坦克(右和左)载着红军的雪橇部队到前线去。苏联人有很强的适应能力和辽阔的资源，这让他们很快学会了如何打击敌人。

第十章 东线泥潭

斯大林格勒之战

　　1942年夏天，东普鲁士"狼穴"，阿道夫·希特勒对德国军队发出命令，要他们在苏联发动一系列新的攻势，尤其是对苏联最重要的中心城市进行攻击。此时，他已经放弃了上年冬天占领莫斯科的计划，他认为对苏联的首都的攻击和占领可以等以后再解决。现在他要占领位于伏尔加河流域，靠近伏尔加与顿河的交界处的斯大林格勒。在那里，在斯大林格勒的背后有着重要的顿河盆地，那是重要的战略、工业中心和资源中心。希特勒的计划就是要打击苏联的工业心脏，这看起来比打击那座似乎有着无穷无尽的援军和源源不断的武器装备的首都要好得多。一旦他能使这个国家的工业生产停转了，苏军的坦克就不

↑ 德军在东线作战。一度强大的"不可战胜"的德军面临着被苏联人打败的命运。苏联人被希特勒称为"劣等民族"，希特勒在"巴巴罗萨"行动中曾傲慢地宣称只需三个月的时间就可以征服苏联。

→斯大林格勒战役初期正值夏季，德军集结了重型火炮对苏军进行了猛烈的炮火攻击。

↓苏军ROKS-2火焰喷射器。

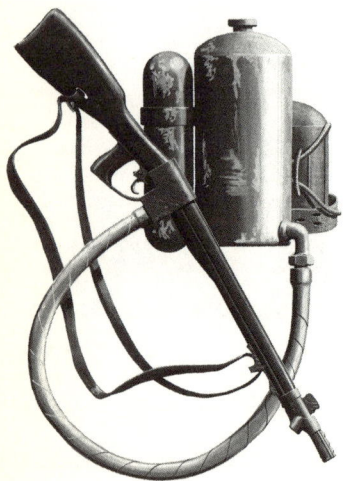

抵抗能力。

崔可夫将军临危受命，指挥斯大林格勒的防御工作。他是顿河前线的老兵，曾花了大量的时间来研究德军的战略战术。他注意到德军步兵和坦克对德国空军的空中支援的依赖，德军每次进攻，空军总是轰炸准备以"软化敌人"，从而让坦克和步兵能顺利突破防线，占领阵地。崔可夫意识到对付这种战略最好的办法就是，"尽可能地靠近敌人"，这样德国空军就因为担心炸到自己人而不敢轰炸了。这样做也将付出一个可怕的代价，它意味着跟德国人的战斗要在斯大林格勒的大街小巷里进行。

1942年的秋天和冬天里，崔可夫的第62集团军顽强守卫着斯大林格勒，使得德国人每前进一步都要付出极大的代价。

在街道上，在房屋之间，在屋子里，苏联士兵们进行了凶猛顽强的抵抗，经常跟德国人面对面地战斗，白天丢失的地盘会在晚上夺回来。大部分时间里，交战双方靠得极近，以至于彼此可以隔街听得到对方讲话。有时候，甚至交战双方就在隔壁。崔可夫把他的战士组织成高度机动的"暴风突击队"，每一队的人数不多，配备的武器包括手榴弹、冲锋枪和机关枪，还有反坦克炮，等等。他们能够闪电般地攻击德军，随后就

再能开动起来，苏军的枪炮也就不再能开火。那时，德军就能最终占领苏联的首都。

1942年8月23日，德军发动了大规模的进攻。头两个月进展顺利，德军占领了哈尔科夫和库尔斯克。9月4日，德军进抵斯大林格勒外围。弗雷德里希·冯·保卢斯指挥的第6集团军慢慢地逼近这座城市，这似乎是一场历史性的大胜利。

在德国，希特勒信心十足地宣布德军攻占了斯大林格勒。

不过，他又一次忽略了苏军的顽强和坚韧的

瞬间消失在瓦砾碎石后面。

相反,德军的坦克在城市巷战里却没有用武之地。在窄窄的街道上,坦克的背后或侧面受到攻击时,难以迅速地调头反击。坦克的枪炮不能仰俯到很大角度也就无法对付可能从任何位置攻击的敌人,也许就在它看不到的地方,苏军的反坦克炮正对它瞄准。同时,隐藏的狙击手们,因为没有任何事先警告就开火,打得德军心惊胆战。

尽管崔可夫将军凭借自己高超的战术和非凡魅力鼓舞着苏军士兵拼死抵抗,甚至在德军中间也赢得了声誉,但他的部队还是慢慢地消耗殆尽几乎不能支撑。靠着强大的空军一天之内甚至达到3000架次以上的猛烈轰炸,德军逐渐地控制了这座城市的南部和中心区。在斯大林格勒的废墟里,苏军把地下室、下水道,甚至伏尔加河岸上的涵洞当作战地医院、弹药库和指挥部。他们唯一的供给线在身后的河对岸,在夜幕的掩护下,增援的人、枪、物资、弹药避开敌人的炮火和轰炸源源不断。

但很快,供给线也受到威胁。从10月开始,战线慢慢移往城市北部的工厂区,战斗变得更加惨烈。一个德国中尉说:"这里的街道不再是用米来计算,而是用尸体来计算。"战斗接连几天都会围绕位置重要的面粉厂的谷仓展开,一座房子的争夺也会进行很多次反复,往往是战前阵地

←一个红军军官挥舞着手枪指挥冲锋。危急中的苏联士兵们拿起任何武器去战斗。

↓到1942年,东线战场上可怕的条件大大限制了德军的机动和装备优势,从这位疲惫不堪的德国伞兵的脸上可以看出他们的困境。那曾经看起来轻而易举的胜利现在变成一场漫长的流血的失败。

还在自己手里,战斗后已属于敌人暂时保管了。在巨大的拖拉机厂,因为其位置重要,双方的争夺整整进行了三周之久。

到10月底,交战双方都打得筋疲力尽。而迅速降临的又一个可怕的冬天使得德国空军难以有所作为,第6集团军的补给被苏军切断了。苏军也准备好了一次令人吃惊的大规模反攻。11月19日,红军对斯大林格勒周围的敌军防线发动了一次大规模的反攻。最高统帅部和格利高里·朱可

斯大林格勒之战

英里

公里

拉托率加

奥洛夫加

格罗迪琛

拖拉机工厂

巴里克工厂

古姆拉克

克拉斯尼
奥克亚工厂

茨里萨

斯大林格勒

VOLGA

前线
1942年9月12日
1942年10月13日
1942年9月26日
1942年11月18日

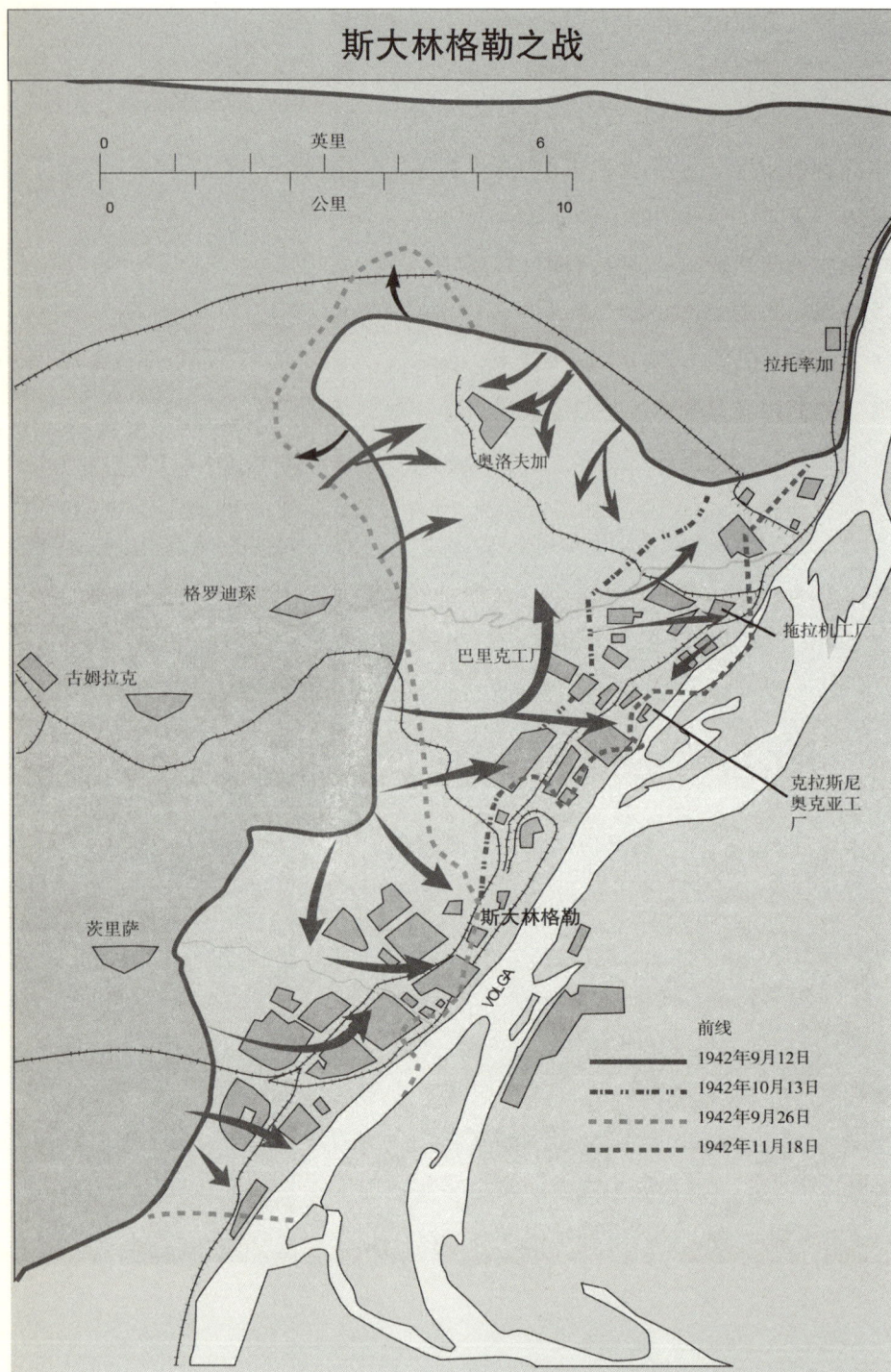

夫将军一直在为反攻作准备，他在伏尔加河岸一带集结了一百多万苏军。反攻的苏军把协防德军的罗马尼亚军队迅速切断成两段，三天之内包围了斯大林格勒外围的保卢斯第6集团军。

希特勒对此曾有预感。他命令他们不惜一切代价守住阵地。他担心德军在关键时刻的撤退会导致心理上的全面崩溃，为此，希特勒甚至拒绝部队试图突围的想法。他命令陆军元帅冯·曼施泰因开展救援行动。但是曼施泰因的装甲集团军被挡在离斯大林格勒35英里的地方。现在，只有很少量的能在恶劣天气里飞行的德国空军飞机成了被围的第6集团军唯一的生命线。

从1942年12月到1943年1月，被困的保卢斯的第6集团军尽管遭到了苏军枪炮日夜持续的攻击，还是在最为艰难的条件下坚持下来了。食品和燃料极度缺乏，很多士兵睡在坦克里被活活冻死。

还有一些士兵在城外搬运空投物资时负伤，即使他们此时正向苏军冲锋也还是不免战死的命运。自杀成了普遍现象。

到1943年1月24日，苏军攻占了斯大林格勒的两个机场。冯·保卢斯和他的部队跟外界完全隔断了。7天后，冯·保卢斯和他指挥的9万部队向苏军投降。见过当时场面的人说德国战俘的队伍绵延有几英里长。在德国，政府宣布国家哀悼三天。希特勒受到了沉重的打击。就在冯·保卢斯投降的同一天，希特勒还宣布晋升他为陆军元帅，就是想让他明白在德军中元帅一级的高官还从来没有人投降过。他不明白为什么冯·保卢斯不愿为荣誉战死或自杀。

他抱怨说："这么多战士的英雄主义事迹因为一个简单而平庸的懦夫而黯然失色。"

斯大林格勒失败和投降使德军士气降到最低点。现在德国人和世界上其他国家的人一样都很清楚德军队不再是天下无敌了。希特勒躲在"狼穴"里一连数月闭门反思斯大林格勒之战，却始终未能对这一巨大的失败做出什么有价值的结论。他曾经相信历史站在他这一边。现在，他的军队被那些他认为很低等的斯拉夫人打败，这一事实让他困惑不已。

而此时，出现了一个新的强有力的对手——美国，在英美的联合打击下，非洲军团失利不断。更可怕的是，随着美国参战，一个几乎无限供给人力、坦克、飞机和枪炮的对手很快就使盟军在各方面赶上了强大的德国。看起来正当欧洲有赖于他的仁慈之时，那些早期辉煌的日子却转瞬间变成了失败和绝望交织的黑暗日子。

朱可夫将军在斯大林格勒取胜之后，紧跟着就对顿河的意大利第8集团军发动了进攻并迅速取得重大胜利。跟着，高加索地区的德军被迫撤到罗斯托夫，他们现在面对着占压倒性优势的苏军。几乎所有一年多以前被德军占领的领土现在都得以解放了。1943年苏军一直都在向前持续推进，2月中旬苏军解放了哈尔科夫。在那里，苏联军队发现了一个可怕的秘密，它显示了纳粹占领时期的残暴。苏联人发现在德军占领的不到两年时间里，哈尔科夫的70万居民死去了一半以上。那些并没有被送往德国或被党卫军杀害的人都死

↑1942年10月，德苏军队在斯大林格勒的工业中心地带激烈战斗。即将到来的冬天将再次证明天气对德军是致命的，9万多人因此被困城外。

→1943年东线德军营房中真实的生活图景：拥挤的空间，无希望的神情。当士兵沉思他们的命运时，军队的士气就降到了最低点。

→这张宣传照片上的德军烧起一堆临时篝火取暖。实际上，由于燃料和补给缺乏，德军士兵在坦克里有的被活活冻死了。但是，希特勒严禁投降。

于饥饿。这一现象多次重复，德军撤退时还来不及掩盖其占领时期对苏联人民造成的全部恐怖灾难，这也使得苏联人下定决心要坚决地打击德国人，直到完全彻底的胜利。

随着1943年春天的来临，雨季到来了，这再一次使苏联前线的一切活动停下来了。这一暂停也给了德军最后一次机会，让他们得以喘息并重组来加强他们的战线，以陆军元帅冯·曼施泰因的装甲部队为核心，和顿涅茨河对岸的苏军隔河对峙。在他们北方，红军把守着库尔斯克一大片突出地带，大约有100英里长的战线。希特勒在这里发起了一次进攻。德军取得了战果，3月14日，德军重占哈尔科夫，这让希特勒相信他还能够在东线赢得战争。受此鼓舞，德军对库尔斯克突出地带发动了一场全面的进攻，希特勒以为他那大约有100万人的战略预备队能够把该地区的50万苏军消灭。

新型的"虎"式坦克和坦克歼击炮已经运到前线，在北方和南部，第9和第17集团军已经得到了重整。希特勒告诉他的将军们，在库尔斯克的胜利将会"像一座灯塔一样照亮世界"，并会激励德军将士向着莫斯科发动新的进攻。

但尽管这样的虚张声势，希特勒本人也有些怀疑，他向坦克战的专家汉斯·古德里安坦白地说："无论何时，只要我一想到这场进攻，我的胃就会疼起来。"要么全胜，要么全输。战争的未来取决于这次战役的结果。

"堡垒"行动

1943年7月4日，德国发动了"堡垒"行动。苏军在这之前的几个月内并没有无所事事，他们在库尔斯克地区大大加强了防御力量。很快，德军就发现对手的阵地太坚固了，他们的进攻遇到了苏联反坦克防御的有力阻击，50多英里的布雷区以及重炮轰击使德军根本没有任何进展。尽管德国的新型"虎"式坦克一开始占了先机，但很快就进退两难。没有步兵的跟进和机关枪的支持，在对手的反坦克火力的射程之内坦克师很难保护自己，他们完全成了配备有反坦克炮的苏联步兵的牺牲品。不到一天，苏军战报说，摧毁了近500辆德军坦克。

朱可夫下令红军展开全面反攻。7月12日，德军第4装甲集团军的600辆坦克和苏军第5坦克集团军相遇。历史上最大的坦克大战在12平方英里的土地上展开，这也是德军坦克师第一次遇到装备如此集中的苏军，双方的损失都是巨大的。7月13日，希特勒放弃"堡垒"行动，但战斗还在继续。到了8月17日，经过一天持续不断的交火后，苏军获得了胜利。第4装甲集团军损失了300辆坦克，被迫撤退。希特勒在东线上最后一次进攻以失败告终。毫无疑义，德军在苏联已经接近全面失败。

为库尔斯克的全面胜利所鼓舞，红军重新开始了向西的攻势。8月23日，卡哈科夫再度解放。11月6日，收复基辅。在那里，苏军发现了更大的暴行。这个城市本来有近50万人，但在德国占领

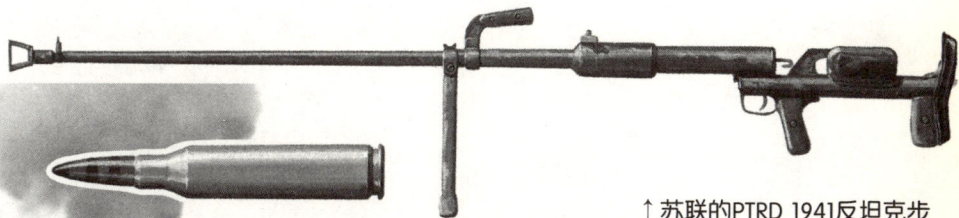

↑苏联的PTRD 1941反坦克步枪。

←斯大林格勒战役初期德军在郊区地带布置的机枪阵地，准备对市区进行攻击。

列宁格勒的围困

1941年夏天，德军进抵列宁格勒。

这座历史名城，曾是1917年俄国革命的诞生地，现在在强敌的猛攻之下，绝望的情绪不断上升，大约有200万人撤离。留下来的人开始把列宁格勒变成了一座堡垒。他们建起几百座火炮阵地，挖了无数的战壕和掩体。工厂也转产日夜不停地生产坦克和枪炮。斯大林命令格利高里·朱可夫将军飞到这里指挥防御。列宁格勒的保卫战期间很多市民和工厂的工人直接参加了前线的战斗，因而朱可夫很快发现他自己在指挥人们"直接从工厂迎战敌人"。

从"巴巴罗萨"行动一开始，希特勒本人就要求摧毁列宁格勒。德国的炮兵部队接到命令，要摧毁这座城市的历史性建筑和文化财产，像赫尔米基音乐厅和基洛夫大戏院，后者以它的芭蕾舞演出闻名于世。

1941年9月8日，70万德军和芬兰军队包围了列宁格勒，但他们没能迅速占领或摧毁列宁格勒。反而由于进攻方向的分散和战役组织失当，他们在兵力不足的情况下只好把这座城市团团围住，日夜向它发射炮弹，并希望借此打垮苏联人的士气并把城里的居民饿死。围困持续了两年，几乎100万人在围困中冻饿而死。

列宁格勒城外的拉多加湖成了生死攸关的战略通道。湖的南岸仍在苏军手中，这里成了城市仅有的生命线。苏联人先是用船运送物资弹药和给养到城里，到冬天湖水冻结的时候，就用汽车直接运输。即便如此，城里的人们所得还是远远不够。在列宁格勒，从未有过足够的食品，也没有足够的燃料使人们过一个暖冬。人们通常所吃的食物是掺了锯屑做成的面包，以及屠宰后的马骨煮成的汤。到围困结束时，在这个城市里根本找不出什么走兽和飞鸟。在1941年9月到1944年1月之间，有近百万列宁格勒人死于饥饿、寒冷和敌人的炮火。1944年1月27日，红军最终解除了德军对列宁格勒的围困。

↑一阵德军猛烈的炮火轰击后，列宁格勒街头的情景。

↓T-40水陆两栖轻型坦克。

↓苏联SU-100型自行火炮。

期间只有不到10万人活下来了。

希特勒向东线的德军下达了"51号命令"，命令德军从苏联前线撤退。他说，尽管"和布尔什维克的斗争艰巨而代价高昂"，他的将士卷入其中两年之久，"但现在一场更大的危机在西方出现了"。希特勒解释说，所有的部队和武器需要重新布置到西欧以抵御"盎格鲁·撒克逊人的登陆"，登陆在现在看来已经不可避免。不过，宣称盟军登陆威胁真正用意在于，希特勒要掩饰德军在东线被打败的事实，他只是以此为借口罢了。

1944年年初，苏军进抵列宁格勒外围，1月27日列宁格勒解围。长达近900个日日夜夜的包围一旦解除，欢庆立刻在苏联大地展开。跟着，苏军解放了更多的国土。

3月，在第聂伯河的科尔森，有两万德军和比利时部队在突围时被消灭。在南方，4月，苏军从德国第17集团军手中夺回了克里米亚。5月9日，塞瓦斯托波尔获得解放，那里的德国占领者们设法坐船通过黑海逃到了罗马尼亚。就像1940年在敦刻尔克的英国人一样，德国人发现自己在对手

↓I-16型战斗机。

列宁格勒的围困

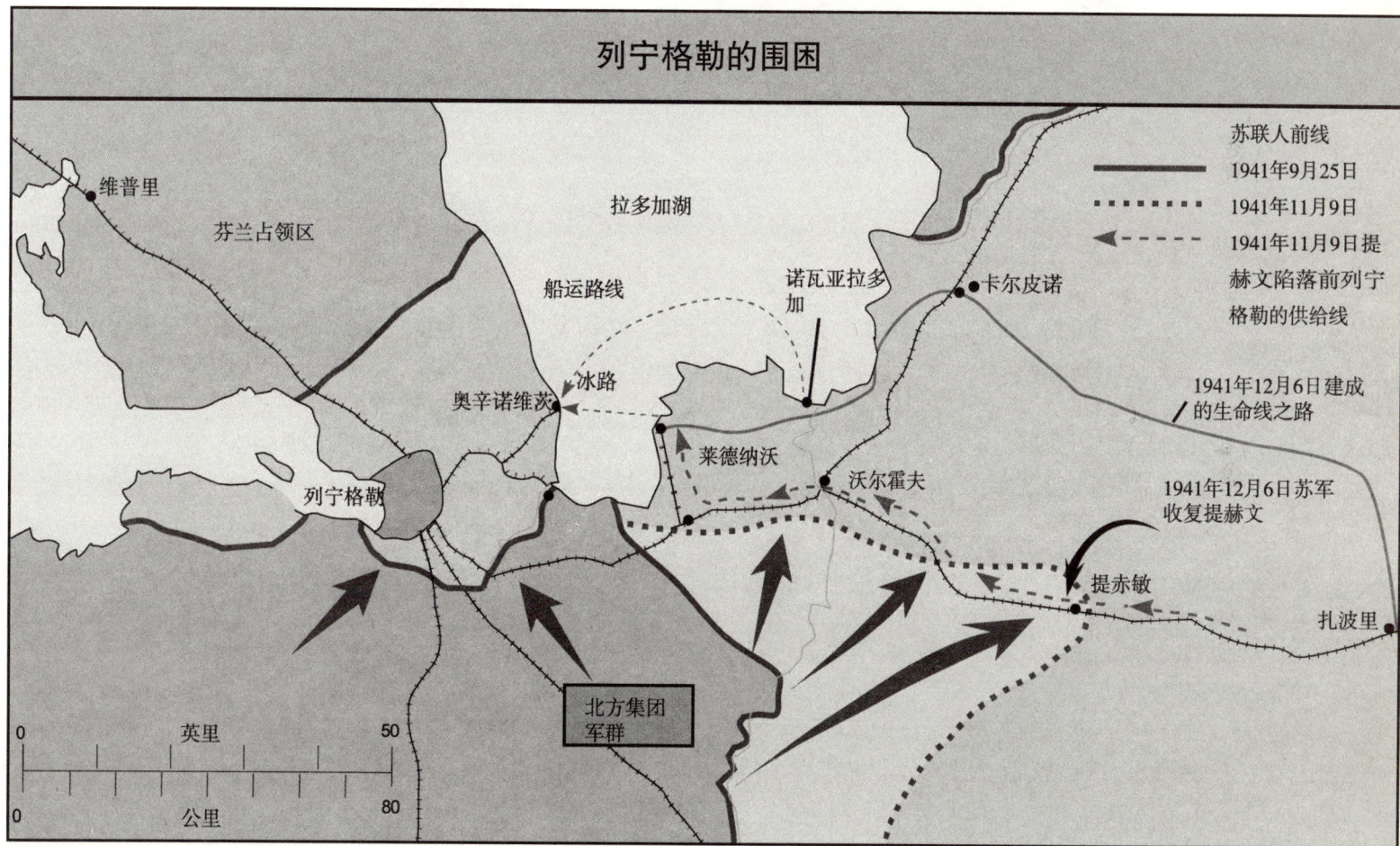

苏联人前线
1941年9月25日
1941年11月9日
1941年11月9日提赫文陷落前列宁格勒的供给线

1941年12月6日建成的生命线之路

1941年12月6日苏军收复提赫文

维普里
芬兰占领区
拉多加湖
船运路线
诺瓦亚拉多加
卡尔皮诺
冰路
奥辛诺维茨
莱德纳沃
沃尔霍夫
列宁格勒
提赤敏
扎波里
北方集团军群

英里 0 50
公里 0 80

几乎无能为力，因为对方有着150万的兵力和5000辆坦克。德国第32师只能后撤。1944年7月1日，明斯克解放，德军损失了十多万人。这个月结束时，7月28日，布列斯特—立托夫斯克回到苏军手中，德国入侵苏联的历史结束了。红军正准备进入波兰，并将集中全力挥师德国本土。

总起来说，有2000万苏联人死于德国占领时期，仅在白俄罗斯，就有近100万人丧生。根据党卫军遮遮掩掩的记录判断，200万苏联人死于战俘营或在"运输"期间死去，还有数百万人失踪

↑在苏联占领区为了维护后方治安，德军组织了很多反对苏联统治的乌克兰或其他民族组成的"地方保安部队"。这些部队对当地俄罗斯族人进行疯狂报复。

空中打击下毫无抵抗能力。当地的数千鞑靼人因为与德国人合作被苏军驱逐。在白俄罗斯，游击队协助进攻的红军对铁路和德国人通信进行破坏。希特勒命令在这里的部队严防死守，但他们

→大部分在斯大林格勒和库尔斯克战役中的苏联战俘都进入了环境恶劣的战俘营，大部分战俘都没有逃脱苦役和死亡的命运。

了。很多人的孩子被拐走，因为这些孩子看起来十足像雅利安人而被送到德国。100万苏联犹太人被屠杀，或者死在集中营里。还有其他的少数民族以及苏联本身，因为希特勒的野心而遭受了人类历史上最为骇人听闻的灾难。

↓M1943型160毫米迫击炮。

↑德军的防空炮阵地。在斯大林格勒和库尔斯克战役以后，德军逐渐失去了东线的制空权，部队的集结和进攻都暴露在苏军强大的空军之下，野战防空部队变得更加重要。

↓T–34/85型坦克。

↑ 登陆西西里的英军士兵在晾晒衣服。他们在非洲沙漠里获得了和德军战斗的经验，现在又准备在欧洲大陆打败德军。

第十一章 登陆意大利

1943年4月，英国皇家海军潜艇"塞拉夫"号在西班牙水域抛下了一具伪装成英军情报官"马丁少校"的尸体，他随身携带有伪造的机密文件，表明盟军很快要入侵希腊。这具"马丁少校"，后来以"什么都不是的人"闻名于世的尸体，在4月30日前后漂到西班牙海岸。这是英国海军情报部门设下的圈套。"马丁少校"有着全部所需要的身份，当然，那是伪造的，包括一个银行家、一个裁缝和一个叫帕米拉的未婚妻的旁证。这一圈套似乎天衣无缝，德国最高统帅部确信无疑，他们当然是很快就从自己的老朋友——西班牙政府的佛朗哥将军那里得到了这一情报。其结果便是德军忙着准备应付来自爱琴海地区的一次预计会出现的盟军

攻击。德军准备着英国第8集团军和美国第7集团军横渡地中海在希腊登陆。可是他们等到的却是1943年7月10日联军在西西里登陆的消息。

↓盟军在意大利登陆后，德军集结了很多重型火炮对意大利北部进行防御。

西西里岛登陆

第勒尼安海

地中海

伊奥尼亚海

8月3-16日
意军撤离

8月8-15日，盟军发起两栖登陆，从侧翼包抄轴心国部队的阵地

8月15日
8月11日
8月8日

8月11-17日德军撤退，盟军空袭收效甚微

为了从侧翼包抄轴心国部队，盟军发起一次两栖登陆。

7月22日

特拉帕尼
圣维托角
卡斯特拉马雷湾
帕尔蒂尼科
巴勒莫
加洛角
阿尔卡莫
卡拉塔菲米
马尔萨拉
马扎拉-德尔瓦洛
卡斯特韦特拉诺
科莱奥内
布尔焦
泰尔米尼
切法卢
圣斯蒂芬奥
米斯特雷塔
尼科西亚
阿吉拉
恩纳
卡尔卡蒂
阿格里真托
帕尔马
利卡塔
杰拉
杰拉湾
维多利亚
维齐尼
拉古萨
伊斯皮卡
诺托
诺托湾
锡拉库萨
奥古斯塔
奥古斯塔湾
阿沃拉
帕塞罗角
来自马耳他
蒙哥马利
登普西
利斯
古佐尼
卡罗涅山
埃特纳火山
阿德拉诺
帕泰尔诺
卡塔尼亚
卡塔尼亚湾
兰达佐
米拉佐
帕蒂湾
巴切洛纳
卡拉瓦角
奥兰多角
迭拉佐角
墨西拿
墨西拿海峡
雷焦卡拉布里亚

卡尼卡蒂
皮亚扎-阿尔梅里纳
古佐尼
亚历山大
布雷德利
巴顿
（非洲军团）

西西里岛登陆
1943年7月10日—8月17日
→ 盟军登陆
→ 轴心国部队反击
— 7月11日盟军阵线
— 7月15日盟军阵线
— 7月23日盟军阵线
--- 轴心国撤退线
--- 轴心国撤退线
--- 轴心国撤退线
← 轴心国撤退路线
⊕ 盟军修建的机场
▽ 盟军空降区

登陆西西里的英美盟军已经有了在北非联合行动的经验，尽管他们之间现在仍争论是否对意大利本土发动进攻。苏联急切地要求他们在欧洲开辟"第二战场"，以减轻东线苏军的压力，丘吉尔希望对他称之为欧洲"柔软的下腹部"的意大利进行攻击。美国则把问题简化，他们愿意横渡英吉利海峡，大规模进攻击法国北部，他们认为一场意大利战役只会浪费人力和物力。尽管意大利很可能会投降，但盟军估计，驻守在意大利的那些训练有素、有着优秀指挥官的强大德军会猛烈抵抗。在接下来的两年时间，这一预感成为现实。

要攻占由10个意大利师和两个德国师防守的多山的西西里岛并不是很容易的事，由蒙哥马利将军和巴顿将军分别指挥的英美盟军，花了38天才完成这一任务。但是，在意大利的德军总司令陆军元帅阿尔弗雷德·凯塞林，仍然设法在西西里全岛被攻陷前把10万德国和意大利部队撤到了本土。

盟军的问题是下一步该做什么。

在盟军成功在西西里登陆两周后，贝尼托·墨索里尼被召到意大利法西斯的大议会里，并由国王伊曼努尔三世免去他的职务。墨索里尼被打晕后被捆起来放到一辆救护车里，送到了一个废弃的山中旅馆，把他软禁在那里。陆军元帅彼得罗·巴托里奥成为意大利政府的新总理，巴托里

↑意大利投降后，德军迅速占领了意大利广大的城乡。伞兵部队企图坚守卡西诺山以挡住盟军前进的势头。

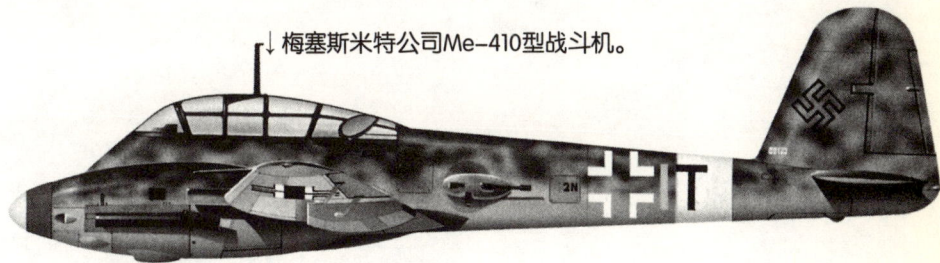

↓梅塞斯米特公司Me-410型战斗机。

奥是意大利军队的前总司令，在1940年意大利入侵希腊失利期间被墨索里尼免职。

意大利人对战争从来都是三心二意的。现在，盟军登陆本土的可能性出现了，意大利政府似乎很高兴有一个机会投降并趁此退出战争。但盟军的这种为意大利"漂白"的行动并没有轻易到来。

8月19日西西里战役刚刚结束后，意大利新政府和盟军最高统帅部之间马上就开始谈判，但45天之后，意大利政府还在宣布停火问题上犹犹豫豫。巴托里奥希望得到比盟军要求的投降五项条件更好，他很清楚，德军正准备占领并坚守意大利。

1943年7月到8月间，盟军的飞机开始不断地对意大利进行轰炸，以迫使意大利政府下定决心。同时，意大利出现了抗议继续卷入战争的罢工，这尤其威胁和削弱了北方的工业生产。盟军决定在9月3日登陆意大利本土以迫使意大利投降。

英国第8集团横渡并不宽阔的墨西拿湾在卡拉布里亚成功登陆。他们只遇到微弱的抵抗，一天后，盟军在意大利站稳了脚跟。五天后，意大利正式宣布投降。这一天，美军开始在意大利的西南部、离那不勒斯30英里远的萨莱诺登陆。但是美军第1集团军的行动遇到的困难却比英国人大得多。在意大利宣布停火的数小时内，德军就已经占领了罗马和意大利全国的重要城镇。在萨莱诺，德军已经在城周围的山上建立起稳固的炮火

↓当预料到盟军将会在南线意大利登陆后，德军开始进驻意大利并在西西里岛组织防御。

蒙特卡西诺

阿提纳

阿采

瓦尔沃里

茨法科山

采普拉诺

罗卡塞卡

圣埃利亚

采诺山
蒙特

蒙特卡
西诺

卡西诺

温纳夫诺

庞特科沃

皮格纳诺

德奥诺山

卡姆波
迪勒

法吉
塔山

埃斯佩
里亚

米格纳诺

采西玛山

圣阿姆
布罗吉
奥

迈奥山

法托山

佩特拉山

伊特里

莱沃勒山

玛拉诺纳

圣玛丽亚

托芙
明托诺

洛卡蒙费纳

法米亚

塞萨阿罗卡

格塔

塞拉波

卡里诺拉

- - - - 1944年5月11日战线
╫╫╫╫ 古斯塔夫防线
◄─── 盟军方向
▄▄▄▄ 希特勒—圣格尔防线

| 0 | | 英里 | 8 |

| 公里 | 12 |

海拔909米高

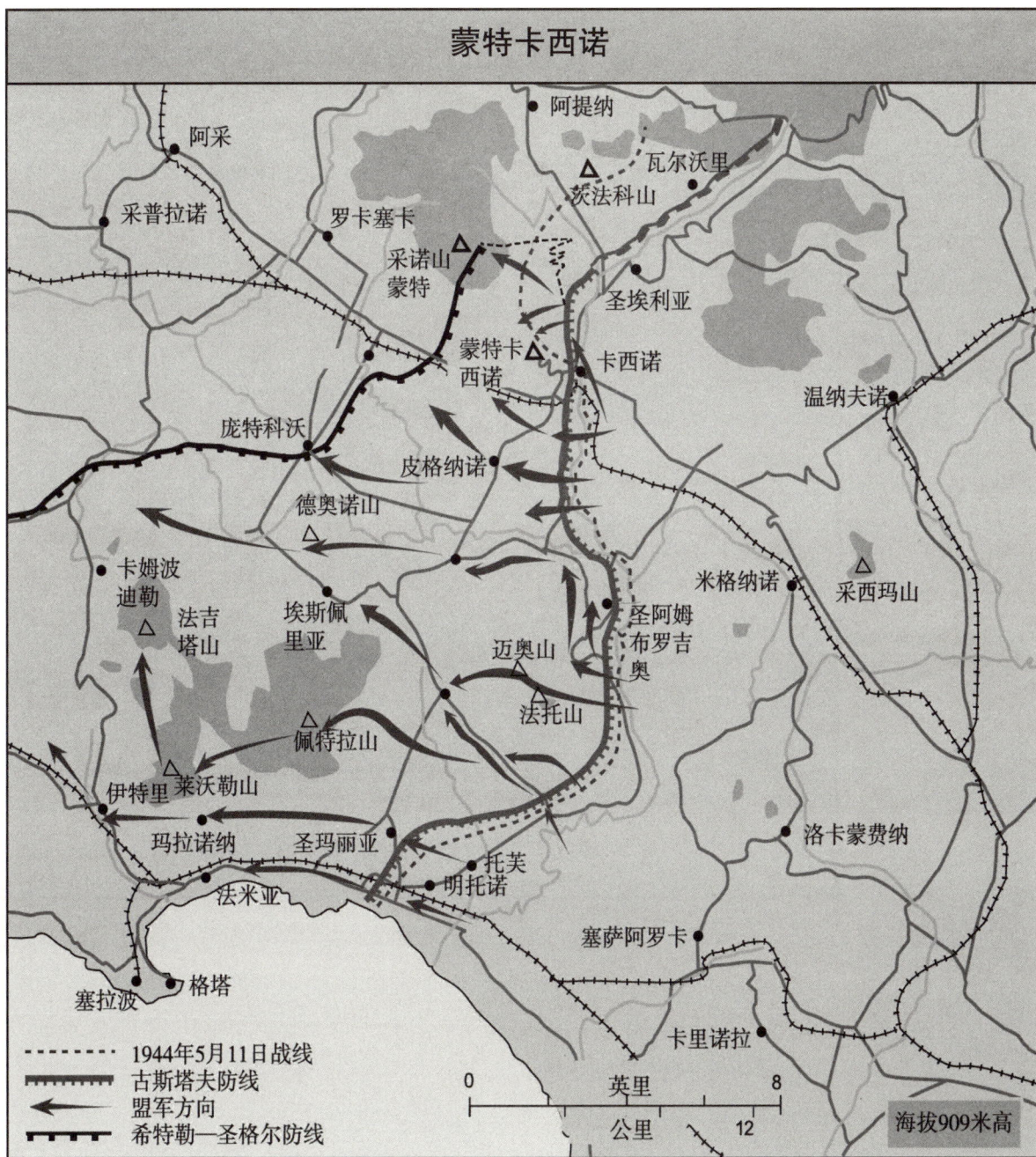

→一个盟军士兵举目四望卡
西诺山满目疮痍的战场。这
场惨烈的山地战最终有10多
万人丧生。

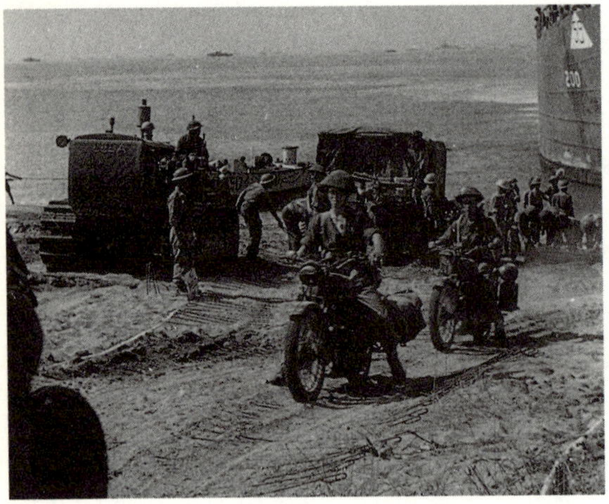

↑美军在意大利的萨拉诺登陆，他们遇到了拥有重兵的德军猛烈抵抗。在克拉克将军的预备队很快打光时，所有能拿枪的人都上了战场。

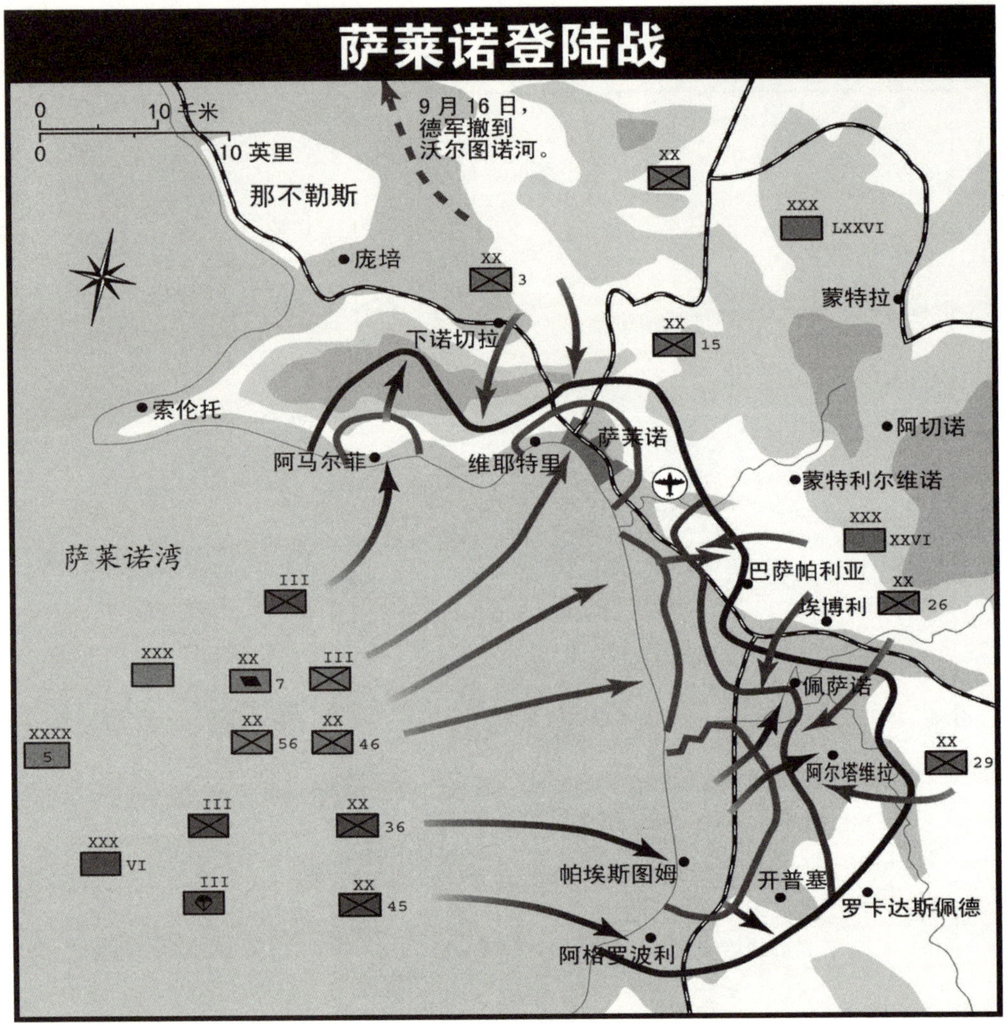
萨莱诺登陆战
0
10 千米
0
10 英里
9月16日，
德军撤到
沃尔图诺河。
那不勒斯
庞培
XX
3
XX
XXX
LXXVI
蒙特拉
XX
15
下诺切拉
索伦托
阿切诺
阿马尔菲
维耶特里
萨莱诺
蒙特利尔维诺
XXX
XXVI
萨莱诺湾
巴萨帕利亚
III
XX
26
埃博利
XXX
XX
7
III
佩萨诺
XXXX
5
XX
56
XX
46
XX
29
阿尔塔维拉
III
XX
36
XXX
VI
帕埃斯图姆
开普塞
III
XX
45
罗卡达斯佩德
阿格罗波利

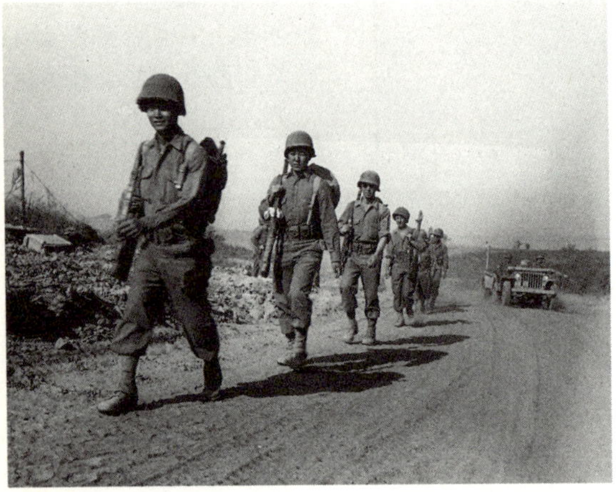

↑美军穿过意大利乡村。

防御阵地，美军遇到了猛烈抵抗。马克·克拉克将军的部队直到五天后才得以向内陆推进。尽管遇到这样的挫折，到10月1日盟军还是成功地完成了他们预定的行动目标，占领了那不勒斯港口和福贾的机场。从此，他们可在空军的掩护下进行更大军事行动了。

如同西西里已经做过的那样，为了保存兵力，凯塞林元帅多次命令一系列的战术撤退，让德军退回到亚平宁山区，那是意大利的"龙脊"，从北到南的墨西拿湾有800英里长。凯塞林知道崎岖的山地让地形发挥最大阻敌作用，为的是阻止盟军到达他们的下一个目的地：罗马。

凯塞林建立了名为"古斯塔夫防线"的战线，其最重要的关键地点就是卡西诺山，在那1703英尺高的山顶，有着1300多年历史的本笃会修道院占据着通向山谷的入口，把通向西北方向75英里远的意大利首都罗马的唯一通道封锁住。为打通这一通道，盟军必须把德军赶出山口。在接下来的6个月里，美国、英国和新西兰的部队为夺取德军强大坚固的防御阵地进行了第二次世界大战历史上最惨烈的山地作战。战斗极为残酷，不仅仅是沿着毫无遮蔽的山坡推进，使得士兵们不断受到山顶德军火力的杀伤，而且山上的严寒也使他们代价惨重，他们在北非的沙漠里都已经习惯了酷热。一个美军士兵后来回忆说："我们都被冻伤了，那以后的很多年里，我的脚趾都是

麻木的。"交战双方的损失都很惨重。在卡西诺山的战役里，有8万盟军士兵伤亡，德军则有5万人伤亡。一直为英国人服役的从尼泊尔来的廓尔喀人的部队损失特别惨重，他们的骁勇强悍和熟悉山地环境的经验自然使他们常常是冲在最前线。

卡西诺山的制高点是山顶的古代修道院，在那里可以俯瞰整个地区。为使它不落入德军之手，英国将军伯纳德·弗赖伯格勉强同意让盟军的轰炸机把它摧毁，尽管那里还有本笃会的教士。1944年2月15日，在得到了教皇皮尤斯七世的

安齐奥

1942年1月22日，盟军在德国战线后方的安齐奥登陆，从那里向北30英里就是罗马，登陆的目的是为了减轻盟军在亚平宁山脉推进的压力。不过，上岸以后，登陆部队花了一周时间挖设防御工事，在德军猛烈的反攻下，美军的第6集团军5万人在海滩登陆点被压制住，在接下来的四个月内还遭受了来自内陆德军远程支援火力的持续不断的轰击。残酷的海岸争夺战中，卡诺塞托小镇至少八次易手，盟军失利，一直未能从滩头阵地向前突破。丘吉尔把这次行动称为"搁浅的鲸鱼"，而负责指挥的美国将军约翰·卢卡斯则因为未能抓住战机向前推进而受到广泛的批评。但是，在经过了长期的挫折后，盟军在1944年5月23日最终突破了德军的防线。

↑在安齐奥的战斗激烈进行时，盟军登陆舰在运送物资。

登陆意大利南部

登陆意大利南部
1943年9月3日—12月15日
- 9月14日前线
- 9月25日前线
- 德军撤退
- 盟军运动路线
- 意大利舰队撤往马耳他
- 盟军修建的机场

北

第勒尼安海　亚得里亚海　伊奥尼亚海

9月3日，意大利舰队撤往马耳他。
9月3日，意军舰队撤到马耳他。

0　50千米
0　50英里

西西里岛

同意后，盟军飞机向这个具有历史意义的修道院投下了600吨炸弹，把它变成了一片火海和瓦砾之地。不过，对这个历史建筑的打击没有起任何作用。废墟成了更好的防御阵地，德军很快就在乱石堆里建好防御工事。直到3个月后德军防线才被攻破，那主要归功于波兰人和法属摩洛哥人的努力。

摩洛哥人被称为"高姆斯"，他们穿着传统的民族服装，随身携带长刀，他们爬过了"不可能通过"的佩特拉险峰，从德军背后偷袭得手，并最终突破了德国人的防线。他们的壮举使得盟军中很快就有传言说："高姆斯能迅速改变地图"。5月18日，付出了极为惨重的伤亡之后，从正面进攻的波兰军队，最终攻入了修道院废墟中，但那时凯塞林的德军已经开始了另一次长程撤退。

同时，为减轻卡西诺山的压力，美军于1944年1月22日在罗马南面30英里的安齐奥登陆，但是被压制在危险的滩头阵地上长达四个月之久，直到5月23日才实现了突破。5月25日，南北两线会师的盟军开始从南向北推进，10天后，即6月4日，伴随着欢乐、泪水和狂欢庆祝，美军进入了罗马。这样感人场面不久就在欧洲各地出现，盟军成了救星。

他们从纳粹奴役下解放了欧洲的大大小小的城镇。在那一刻，罗斯福总统骄傲地宣布："我

↑今天仍旧有大约150架适航的"野马"飞机，这要归功于"野马"飞机的知名度。图中这架飞机上涂装了查克–耶格尔（Chuck' Yeager's）的"Glamorous Glen III"名称。

↓Me 262A型战斗机。

↓梅塞斯米特公司的Bf 110G型夜间战斗机。

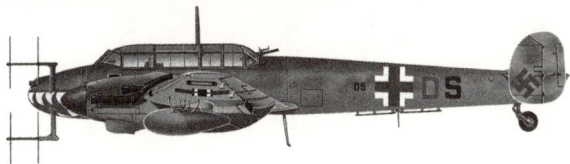

佛罗伦萨和维齐奥

佛罗伦萨，15世纪意大利文艺复兴的诞生地和难以计数的文化财富的家园，一直被德军占领着，德军将其作为"哥特防线"的一部分。1944年8月，意大利游击队和盟军解放了佛罗伦萨。尽管城市里很多辉煌的雕像被保护起来或者被运走以防盟军炸弹的摧毁，为了赢得撤退时间的德军，还是在盟军进城时把一系列横跨阿诺河的具有历史意义的桥梁炸毁了。只有最著名的历史价值极高的庞特维齐奥保存了下来，那是当地人恳求德军手下留情的结果。

↑在战争中，很多佛罗伦萨的历史名桥没能幸免于难。

格兰萨索山

1943年9月
营救墨索里尼

贝尔格站

迪阿萨诺山
阿瑟吉

塔尔站

格兰萨索山

拉奎拉

帕格尼卡

拉斯佩奇亚

科西嘉岛

佩斯卡拉

亚得里亚海

拉奎拉

罗马

佛拉斯卡提

格塔

福贾

拉玛德勒纳

那不勒斯

巴里

布林迪西

撒丁岛

波坦察

塔兰托

萨莱诺

第勒尼安海

皮佐

伊奥尼亚海

墨西拿

巴勒莫

雷焦卡拉布里亚

西西里

突尼斯

1943年7月24日，在英美联军进攻西西里时，墨索里尼被捕，新的意大利政府开始跟盟军进行秘密和谈。墨索里尼最后被送到格兰萨索山的一个旅馆里软禁起来。在一次大胆的突击队袭击中，斯科尼上校领导了一支伞兵和滑翔机部队展开行动，把墨索里尼从监禁中救了出来。

➡ 盟军方向
➡ 德军方向
⇢ 墨索里尼撤退路线

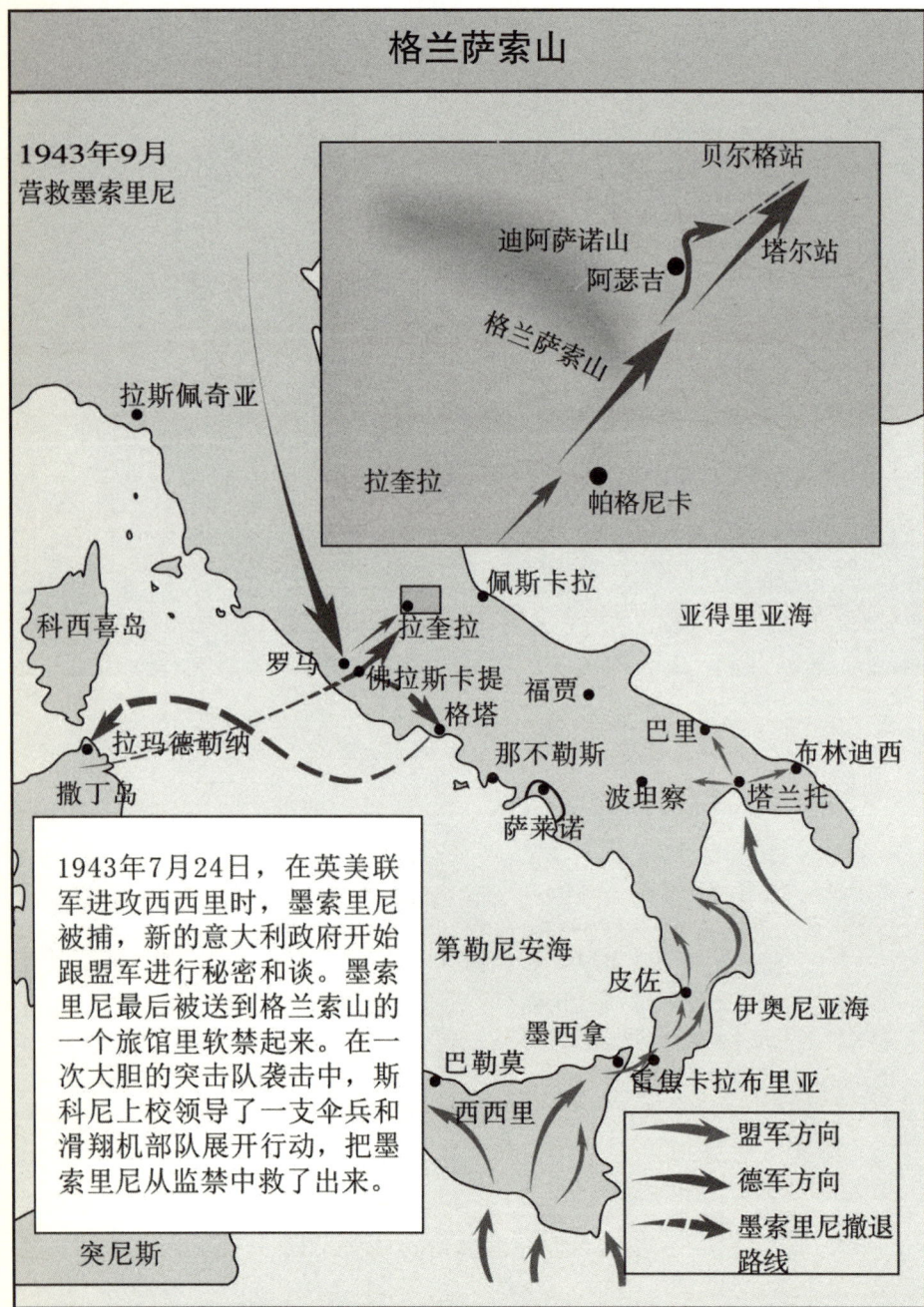

们拿下了第一个轴心国的首都，一个到手，另两个也会跟着拿下来。"

美军的马克·克拉克将军求功心切，为抢在英国人前面进入意大利首都，没有成功地包围罗马。结果造成德军第10集团军的大部分兵力约3万人突围逃脱。德国统帅部对这一撤退发布的公告说："由于罗马这个世界上最古老的文化中心存在因目前的战事遭受直接的打击的危险，元首命令德军撤退以使其免受毁灭之灾"，从而对失败做出小小的掩饰。

尽管凯塞林的防御能力有目共睹，盟军在意大利的节节胜利仍是势不可挡。

随着盟军解放了越来越多的领土，他们发现很难照顾意大利人的生计。数百万人无家可归，因战争而挨饿受冻，战争摧毁了国家的大部分基础设施。盟军占领军建立了临时管制机构，以应付饥饿的意大利人，清理城市，发行货币，处理日常政府的基本职责。不过，正如罗斯福所言的，它的工作应该"逐渐地"争取最好的结果。

那不勒斯港，从1943年10月到1944年12月属盟军占领期间。这个城市的100万居民中，大部分都生活在可怕的贫困里。它先是被德军占领，德国人强迫当地居民为其做苦工。但那不勒斯人不愿意这样做，因而曾爆发过大起义，还进行过四天的城市巷战。盟军解放该城之时，饥饿和疾病的困扰极为普遍，因为1943年10月1日盟军为解放

营救墨索里尼

1943年7月法西斯独裁者墨索里尼被解职后，监禁在一座山中废弃的旅馆里。三个月后，希特勒本人直接命令奥托·斯科泽尼上校去营救墨索里尼。奥托·斯科泽尼上校是一个活跃的六英尺六英寸高的德军特种兵突击队军官，他的脸上有一个十字伤疤，人们称他为"欧洲最危险的人"，他指挥着一小队伞兵大胆地在墨索里尼被监禁的山地中间冒险降落，制服了警卫并迅速救走了希特勒的这个老朋友。

后来，墨索里尼出任萨洛共和国的政府首脑，首都设在加尔达湖畔的加尔格纳诺。在那里，墨索里尼仍然领导着法西斯党的行动，但他最为注目的活动是，当盟军攻入意大利时，他于1944年1月22日审判并处死了五个投票反对他的政治人物，其中一个是他自己的女婿葛莱佐·齐亚诺伯爵。

一营救墨索里尼的大胆的突击队行动中。

这座城市进行了大规模轰炸。成千上万的孩子因为战争成为孤儿，从而走上犯罪或卖淫以求活命的道路。盟军在这里几乎无所作为。对城市里困难的局面进行的补救也因为英美之间的争论而受到牵制和拖延，英美两国政府之间为意大利在战争中的角色应受多大的惩罚一直争执不休。英国比美国更愿意严厉制裁意大利。

但是，英国现在开始对意大利的国内问题不断关心起来。自从意大利投降后，穷人和无家可归的人正日益支持意大利的共产主义组织。英国人害怕意大利会被共产主义化。这倒是有些过分担心了。因为在意大利抵抗德军的各种组织中间，共产主义组织是很少的。而在意大利宣布停火之后，希腊的塞弗拉尼亚岛上的10万意大利士兵因为拒绝向他们的前盟友德国投降而被处决了。

早在德军1943年9月11日占领罗马时就遇到了

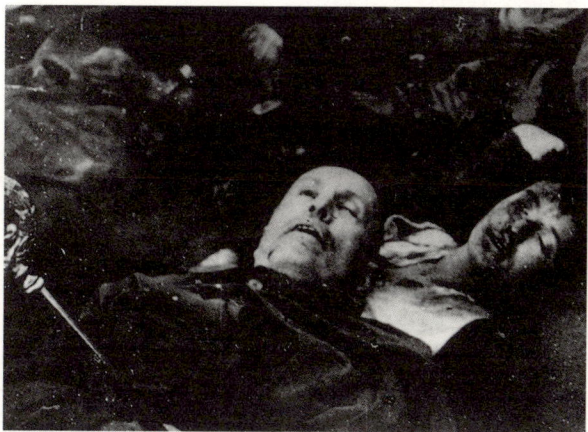

←墨索里尼和他的情妇被暴尸于米兰的广场上，意大利人对他们的尸体进行了可怕的报复。这个意大利独裁者曾说过一句话："每个人都会得到他应得的下场。"

当地人顽强的抵抗，600名罗马人被杀害。后来，撤退的德军在沿着阿诺河的哥特防线建立新的防线时，意大利游击队进行了勇敢的战斗。在其他占领区，地下抵抗运动迅速在全意大利展开，到了1944年，大约有10万游击队员在北方活动。在很多地方，游击队建立了自己的政府，并与德军和法西斯军队进行了顽强的战斗。他们大部分是由当地的农民组成，生活在乡野里，在山间的公路上开展抵抗行动，他们破坏德国人的补给运输线，也设法阻止敌人把他们的粮食运回德国。

游击队甚至控制了佛罗伦萨北部一半地区，在他们的协助下，盟军于1944年8月5日解放了这座历史名城。

德军对游击队进行了凶残的报复。正如在占领苏联时一样，党卫军对意大利的农村进行了残酷恐怖的清洗行动，以镇压平民的反抗。1943年9月，为报复皮得蒙特地区的游击队，德国人烧光了波伏斯小镇。在1944年8月，由瓦尔特·里德尔少校率领的一个党卫军营，从托斯卡尼踏上了"死亡之旅"，他们沿途处决了村里的每一个男人、妇女和孩子。到1944年冬天，情况变得更加糟糕，凯塞林的部队发动了一次行动想一举摧毁意大利游击队的抵抗。游击队员们装备落后，在山里被穷追猛打，死伤惨重。在艾米里亚的玛扎波托地区，几乎有2000人被德国兵杀死。

同时，盟军的进攻已经停顿下来，亚历山大将军宣布，在来年春天到来之前，不会有新的进攻。他建议，北方的游击队应该停止活动，"转入地下"以确保自己的安全。这让很多游击队员不满，也让墨索里尼的残余法西斯势力开始活动，他们因为怀疑他们中间有抵抗战士就对乡村的农民进行清洗行动。

冬天的到来也给北部意大利的工业城市带来影响，那里本来是这个国家最富裕的地区。但是现在那里由于盟军的轰炸，人们生活处于饥寒交迫之中。像都灵这样的城市，由于德国人管理的工厂遭到破坏并且缺乏原材料，从而导致了大量工人失业。盖世太保则开始把工人们集中押送到德国去，以期对德国的那快要开不动的战争机器有所帮助。共产党则组织了一系列广泛的罢工活动来进行抵抗，并联合各种力量共渡难关，他们还对工业设施进行了破坏，并发动工人占领工厂。

↓T-37型坦克。

时间进入到了1945年。

在乡村，农民为他们的抵抗行动付出了高昂的代价。米兰的15个"政治犯"因为破坏德国人的一辆卡车被当众枪决。在1945年4月最后一周里，当盟军再次开始向北进军时，工人们和游击队员最终一起反抗德国人的占领。数小时之内，"国家起义"迅速传遍北部意大利的各个城市。在热那亚，抵抗组织切断了当地德国兵营的补给线和交通线，并经过两天的战斗后占领了这个城市。在都灵，武装的工人同德军交火，直到游击队赶来增援。在米兰，围绕皮雷利轮胎厂展开了激烈的战斗，当盟军赶来支援，德军已于4月26日投降。

到那时为止，意大利的战斗，甚至整个欧洲的战事也几乎走到了尽头。1945年4月27日听到德军正在和盟军谈判投降事宜的消息后，墨索里尼马上设法跟他的情妇克拉拉·佩塔奇一起逃往瑞士，他们随身带着大笔金银财宝。但在科莫湖附近的栋戈，他们被游击队抓获，随即被处决。后来，他们的尸体被倒挂在米兰的洛雷托广场上。在那里，群众围观、咒骂、吐唾沫。这一场面之残忍使得盟军都提出了抗议。

1945年5月2日中午，已经跟盟军谈判了好几天的凯塞林宣布德军全部投降。

意大利战役使盟军共有30万人伤亡，德军则损失了50万人。此外，约有30万意大利抵抗战士们为自己国家的自由失去了生命。后来，这也成为争论的焦点，即意大利战役是否应该如此进行。不过，因为意大利的投降，德国的战争资源大受影响和损失，从这个意义上说，那些在第二战场上战斗并死去的人可以说是为纳粹德国的最终灭亡做出了重要的贡献。

↓KV-1A重型坦克。

↑1944年6月驻扎在英国的美军士兵的一张合影。美军有20个师的兵力为进攻欧洲而在英国临时驻扎，这给英国人的生活带来了全新的改变。

第十二章 最长的一日

1944年6月6日黎明过后，那些驻守在被希特勒称为"欧洲堡垒"的法国海岸线的德军士兵抬头向英吉利海峡望去，他们看到了第二次世界大战中最难以置信的壮观场面——大约5000艘盟军船只组成的庞大舰队运载着大约有15.4万名的士兵向他们直扑而来。

"霸王"行动，这个历史上最大的两栖作战行动正式实施，盟国解放欧洲的行动开始了。

差不多两年的时间里，交战双方都一直在为这次决战作准备。在英国，盟军于1943年建立了最高统帅部，由美国将军艾森豪威尔任总司令。

就在"霸王"行动开始前几个月，英美政府向苏联保证，他们将在欧洲西部发动新的进攻以减轻苏军在东部同德军作战的压力。问题是在何处以及如何进攻。虽说德国人在挪威驻扎着一支强大的部队来准备对付盟军，但是挪威的陡峭海湾和北欧崎岖的海岸对一场大规模的登陆作战而言显然是不切实际的。

比利时和荷兰的平坦地形也被否定了。剩下登陆点就落到了法国北部的加莱或诺曼底，这是

←1944年春，一艘美国海军船只在英吉利海峡演练诺曼底登陆行动。

仅剩的两个适合大规模登陆作战的地区，艾森豪威尔和他的司令部认为这两个地区可以作为保证成功登陆的地点。

德国最高统帅部的大多数人，包括希特勒本人，一直相信盟军可能在加莱登陆。加莱不仅是一个重要的港口，而且它跟英国海岸的距离只有20英里远。至于诺曼底，则离英国南部的海岸有65英里远。因此，1943—1944年期间，德国人在加莱修建了大规模的防御工事，从苏联前线召回来的部队和装备大大充实了这道防线。只是到了D日登陆行动开始时，德国人才发现他们守在一

↓一名阵亡的党卫军机枪手，身上还背着MG042的备用枪管。在法莱斯口袋中，大量的党卫军精锐被美军包围损失殆尽。

个错误的地方。

而当德国人发现错误时，盟军登陆的第一波行动已经在黑夜的掩护下完成。英美的飞机在很短的时间内向诺曼底海岸投下了5000吨的炸弹，以摧毁德国人的防御阵地和通信系统。接着三个伞兵师开始行动，他们的1.2万人的任务就是保证登陆部队的侧翼安全，即固守诺曼底地区的村庄和桥梁，挡住德军的坦克师的反攻。这一行动代价高昂。数百人在德国的炮火下丧生，他们被打死时甚至还没有落地，另外很多人则被迫早早地跳伞，结果落到了海里。在黑夜里，还有很多人在法国的田野里分散了，距离他们预定的目标有几英里远。剩下1.1万人乘着滑翔机着陆，但很多滑翔机携带的装备在着陆时撞得粉碎。当然最终也还是有很多伞兵成功着陆，很快集合起来。在一些乡村，伞兵们发现他们自己被惊喜万分的当地人热情迎进家里。即使他们失去了目标也在法国人的帮助下重新找到了。伞兵突击战术获得了大部分成功。

1944年6月6日早上5时30分，盟国海军开始对诺曼底海滩进行炮击。尽管诺曼底不像加莱那样有重兵把守，但还是防守得相当严密，炮台、机枪火力网、雷区和铁丝网、反坦克障碍物组成了一道道令人生畏的防线。"沙漠之狐"——以前统帅过非洲军团的陆军元帅埃尔温·隆美尔于1944年受命担任法国防线总司令，他早早地

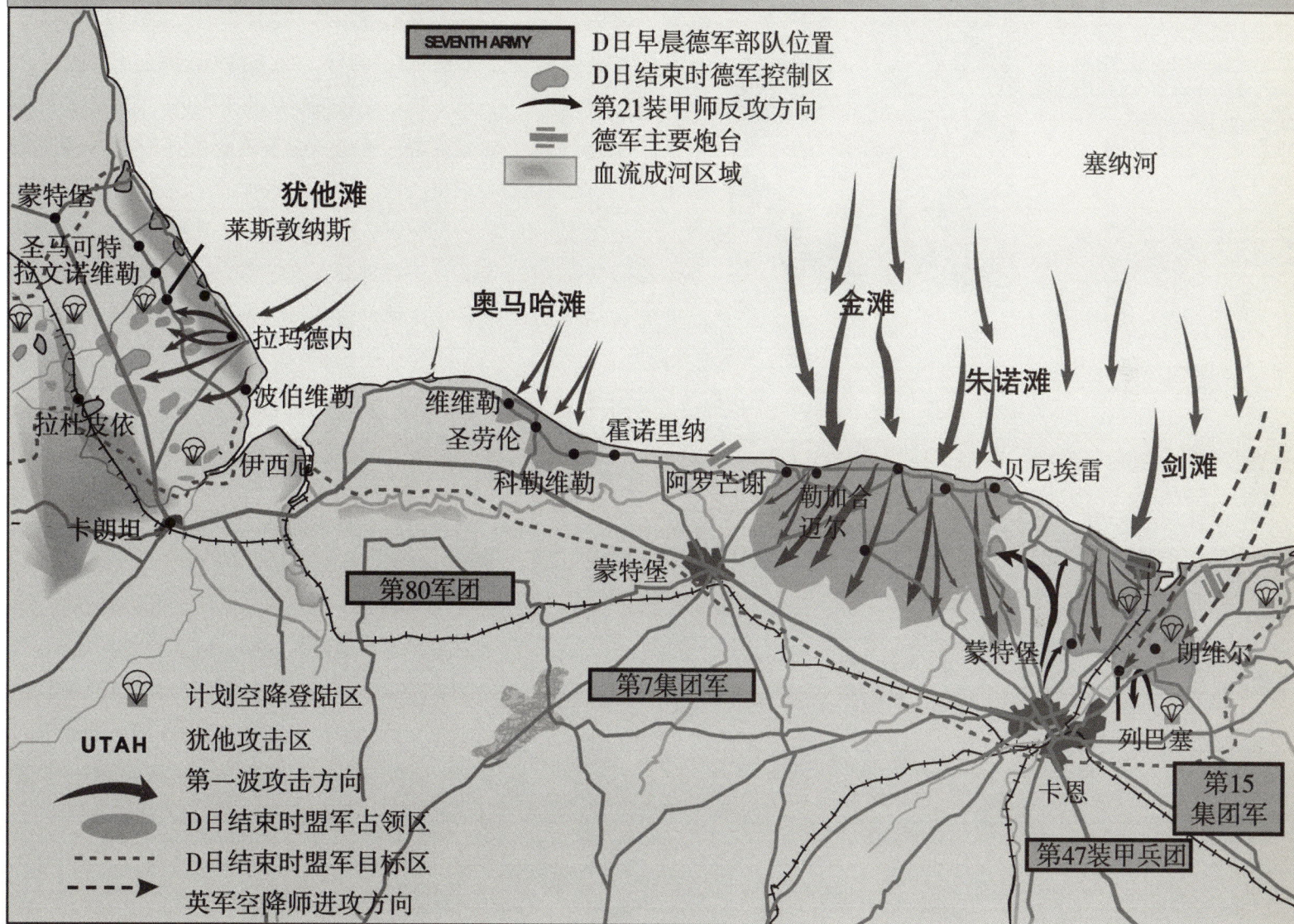

"霸王"行动

图例：
- SEVENTH ARMY — D日早晨德军部队位置
- D日结束时德军控制区
- 第21装甲师反攻方向
- 德军主要炮台
- 血流成河区域

地名及标注：

塞纳河

犹他滩
莱斯敦纳斯

蒙特堡
圣马可特
拉文诺维勒
拉玛德内
波伯维勒
拉杜皮依
伊西尼
卡朗坦

金滩

奥马哈滩
维维勒
圣劳伦
科勒维勒
霍诺里纳
阿罗芒谢

朱诺滩

贝尼埃雷

剑滩

勒加合迦尔

蒙特堡

第80军团

第7集团军

蒙特堡
朗维尔
列巴塞
卡恩

第15集团军

第47装甲兵团

下方图例：
- UTAH — 犹他攻击区
- 第一波攻击方向
- D日结束时盟军占领区
- D日结束时盟军目标区
- 英军空降师进攻方向
- 计划空降登陆区

→驻防法国北部的德军指挥官们和德军最高统帅部知道盟军的攻击不久就会开始，但是他们一直为如何更好地防御大西洋防线争执不休。只有隆美尔坚持认为应该加强法国海岸的防守。

命令在整个沿海修建巨大的全新的防御屏障，增加了反登陆障碍物，上面设置了炸弹，还有的埋设在水中。事实上，隆美尔是认为盟军的登陆攻击可能在诺曼底的少数几个人之一，他要求从加莱调集坦克以加强诺曼底的防线。但隆美尔的意见遭到了德军总司令、陆军元帅冯·龙德施泰特的否决。这对盟军来说真是幸运。

→1944年夏天德军在法国的抵抗也异常顽强，图为正在城镇中准备于盟军展开巷战的德军士兵，正手持铁拳寻找掩体。

德军在碉堡和掩体里，吃惊地看着盟军凶猛的进攻。他们几乎不敢相信自己的眼睛，数千艘全线展开的登陆艇正一波接一波地向海岸驶来，满载着士兵和坦克，直逼海滩。海面上7艘盟军战列舰上的巨炮密集地从几十英里外向德军持续不断地轰击，还有130艘驱逐舰和护卫舰炮火实施压制射击。

英国人、加拿大人和美国人在船上演练，他们为这一时刻准备了好几个月。1944年的春天流传一个笑话，说英国的南部有可能沉入大海，因为那里集中了无数的士兵、武器和装备，其重量已为岛国所不能承受。美国第1集团军的20个师已经驻扎在英国，跟他们一起的还有成千上万吨的坦克、卡车和大炮。登陆训练沿着英国海岸线有规律地进行，甚至被德国人摸到规律而用鱼雷快艇发动奇袭造成数百名军人丧生。

与登陆演练同时，英国的突击队乘坐小型潜艇在夜里秘密地潜入海岸，侦察德军防御阵地和火力支援设施，了解海岸潮汐水流地形等情况。这些侦察活动使盟军制造出很多用于登陆的特种装备，像水陆两用坦克和名为"法尼斯怪兽"的清障坦克等，这些设备可以涉水登陆，有些可以带着拖运卡车登陆到海滩上，还有的以旋转挖土方式清除沙滩上的地雷。

盟军计划在五个滩头登陆：奥马哈滩、犹他滩、金滩、朱诺滩和剑滩。奥马尔·布雷德利指

疑兵之计

到了1944年，德国最高统帅部十分清楚盟军正计划在欧洲西部登陆，但是由于英国人使用了一系列成功的疑兵之计，德国人始终没有发现盟军计划中真正的登陆地点。

英国人的欺骗计划的最主要部分是让德国人相信，盟军将在加莱登陆。盟军的空中优势使得德国空军只能到达英国的东南部的最近端实施侦察。英国人充分利用了敌人的这一弱点，制造了数百架假的滑翔机停放在这一地区的假的飞机跑道上，这使得德军侦察飞行员们以为那里正准备大规模的空降突击行动。为了加强这种假象，额外的船只和登陆用具也大量地集结在多佛尔港口周围，一支伪造的登陆部队——"巴顿军团"也故意让监听的德国间谍们和情报部门获得了相关情报。这一切都坚定了德国人对加莱会出现登陆攻击的印象。在登陆的前几天里，对加莱进行的轰炸也让德国人觉得这是要摧毁加莱的防线为将要进行的登陆作准备。

D日早上，数百架盟军的飞机飞到加莱上空，撒下了大量的锡箔片，这使德军从海岸的雷达上看起来好像一场大规模的攻击即将开始前的大机群突击。同时，多佛尔海峡的一队舰船也拖着让雷达发生误判的气球来回行驶，而无线电台也同时发布错误和混乱的信号，让敌人以为一支大舰队正向加来进发。这些欺骗工作是如此的成功，以至于盟军是在诺曼底真正实施了登陆作战已经成为毫无疑问的事实之后，多疑的希特勒还认为那不过是个假象，真正的登陆攻击仍会在北边的加莱发生。

↑美军的谢尔曼坦克装上一艘运输船，准备开往法国海岸。

挥的两个美军师在奥马哈滩和犹他滩登陆，迈尔斯·登普西爵士指挥由英国人和加拿大人组成的三个师在其他三个滩头登陆。尽管有强大的炮火掩护他们，盟军的登陆艇面对敌人的枪林弹雨也还是很脆弱的，面对希特勒吹嘘的"大西洋之墙"防线凶猛的火力，成百上千的士兵甚至还没有上岸就被打死了。那些好不容易上岸的人则又面对着雷区、各种障碍物和铁丝网的阻拦，如果侥幸活下来，还得通过开阔的没有保护的沙滩，那里德军火力更猛烈。

在犹他海滩，盟军的伤亡较小，只有197人死亡，2.3万人最终靠岸。但在奥马哈海滩，登陆美军要在离岸边很远海上就要开始冲击，但是德军的防御工事在盟军的炮火下完好无损地保存下来了。登陆几乎成为一场大灾难。

很多两栖坦克从登陆艇上开进水中时，很快就沉到海里了。一些士兵也因为身上的装备太重

↓T-28型坦克。

↑在等着横渡英吉利海峡的命令时，美军士兵跟两名英国妇女分享最后一杯咖啡。德军优秀的战术素养和强悍的战斗力，使他们中的很多人再没能回来。

→德军西线总司令龙德施泰特元帅。

而被拖进水里淹死。先头部队好不容易游到岸上，他们得先去引爆地雷和障碍物，为后续登陆部队而扫清道路，这样一来伤亡更大。很多下级军官在登陆开始的头几分钟就被德军打死。

这样在奥马哈登上岸的士兵完全没有了建制，他们惊慌失措，冒着连天炮火到处乱跑。死去的士兵尸体漂浮在海面上，潮水上涨了，受伤的人被淹没。危急时刻，乔治·泰勒上校努力组织起士兵并向前推进。他激励士兵们："在这个海滩上只有两种人存在——死人和那些要死的人。现在，让我们从这里去占领地狱吧。"

他们不得不向前冲。在他们身后，更多的部队和坦克已经冲向海滩，场面拥挤不堪，士兵的生命也受到巨大的威胁。终于到这一天结束时分，尽管有4000人伤亡，奥马哈的登陆部队保住了他们的滩头阵地。

在别的地方，登陆行动遇到的困难要少一些。

在金海滩，英国的蛙人在黎明前黑夜的掩护下上岸，悄悄拆除了德军地雷和其他障碍物。等到英加部队第一波登陆在7时25分完成时，士气低落的德军守卫部队已经受到了英国海军持续近两个小时的炮火打击。朱诺海滩的情况也很相似，加拿大部队和皇家海军的突击队迅速登陆，并占领了科塞勒村和伯尼尔村。在剑滩，由于突击过早开展，离海岸太远而损失了一大批坦克，但英国的第3步兵师在自由法国突击队的支援下仅以很小的伤亡登陆成功，很快保证了这一地区的安全。

到D日深夜，已有15万盟军部队在法国海岸登陆。尽管在奥马哈海滩有3000人伤亡，但对这样一次大规模两栖作战的巨大风险来说，这样成功的战果真是令人难以相信。艾森豪威尔和丘吉尔曾估计，即使登陆成功，也会有一万人的损失。很多伤兵也返回了英国，巨大的"桑葚"人工码头随即开向诺曼底，运送来更多的装备。现在的危险是，在盟军的装备还在诺曼底海滩上时

德军会组织反攻，盟军控制范围也还局限在他们夺取的狭窄的滩头阵地上。不过，在白天盟军完全掌握空中优势，德军的机动性无法发挥，现在有阿拉曼战役的英雄蒙哥马利将军指挥盟军的地面部队，德军已经失去把盟军赶到海里去的机会了。

他们现在唯一能做的事就是坚守还在他们手中的阵地，让盟军为每一步前进都付出最高的代价。在卡昂，三个德军装甲师对盟军进行了坚决的反击，蒙哥马利的部队为占领这个小城花去了一个多月的时间。而为了占领圣洛，几千名美

德军在诺曼底反击受挫，卡昂等地的党卫军和国防军精锐丧亡惨重，在痛击对手后也摆脱不了被俘虏的命运。其中以卡昂地区党卫军第12装甲师和第1装甲师损失尤为惨重。

↓SU-152自行突击炮。

↓盟军登陆后向内陆进军，但很快就发现敌人的抵抗凶猛顽强，他们每前进一步都要付出代价。图为战斗中被俘的英军士兵离开前线。

军付出了生命代价，比他们登陆期间死亡的人还多。在科唐坦半岛，美军的坦克和士兵面对躲在那些巨大的古老的灌木篱墙里后的德军束手无策，那里的乡间到处都是这种"波卡格"，这成了德军最好的防御工事。不过，蒙哥马利对卡昂的进攻吸引了越来越多的敌人兵力，由巴顿将军指挥的美军最终得以在南部突破德军的防线。在空中和地面大炮的支援下，美国人使德国B集团军群的大部分兵力在法莱斯狭窄的乡间小路上动弹不得。

在整个登陆后续战役中有5万德国士兵被击毙，20万人成了俘虏。很多德国士兵逃跑，这导致了德军的大撤退。

同时，自由法国的勒克莱尔将军带领第二装甲师向巴黎进军，受盟军胜利的激励，巴黎的共产党的地下组织发动了广泛的起义与德国占领军战斗。但尽管城市街道的游击战打得机智顽强，盟军最高统帅部还是派遣最近从法国南部登陆的美军去协助解放法国的首都。希特勒命令德军把巴黎变成"一片废墟"，但士气低落的德军很快被制服并全部投降。

8月26日，戴高乐在爱丽舍宫举行了盛大的胜利阅兵。巴黎自由了，很快，法国也得以全部解放。下一个目标就是德国本土了。

←卡恩镇，一辆德军装甲车在埋伏。尽管强大的盟军攻势很猛烈，德军在这个城镇仍然坚守了一个月之久。

↓德军部队溃败，神情沮丧。越来越多的士兵面对战局出现了悲观厌战的情绪。

←随着德军在东线和西线的溃败，德军不得不开始在本土构筑防御工事。图为正在挖掘野战工事的希特勒青年团。

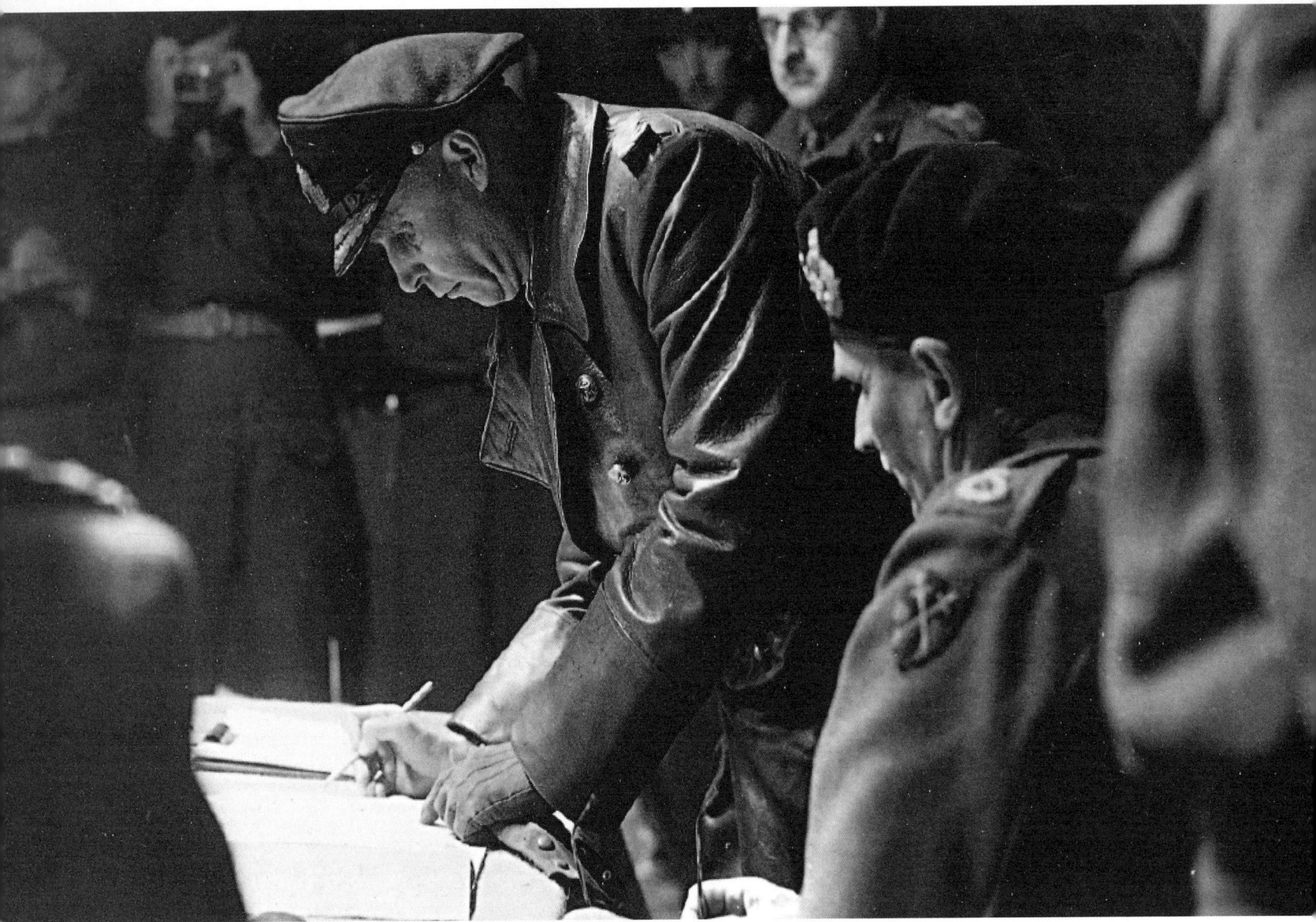

↑ 希特勒最后一任参谋长约德尔将军，在法国兰斯的艾森豪威尔将军的大本营签署全面无条件投降书。

第十三章 帝国的灭亡

1944年7月1日，欧洲西线战区的德军总司令、陆军元帅卡尔·冯·龙德施泰特，在其部下威廉·凯特尔元帅问他德国应该如何对付最近在法国登陆的盟军时，据说总司令回答说，"傻瓜，我们该做的是和平"。

数小时之内，这一消息就传到了希特勒的耳朵里，冯·龙德施泰特的位置被陆军元帅京特·冯·克鲁格取代。不过，这也不会改变希特勒和他的第三帝国面临的局面，诺曼底登陆后的形势非常明显，即使德军在荷兰的阿纳姆成功阻止了盟军也无关大局了：1944年9月17日，为夺取一座关键性的桥梁，盟军发动了一次进攻，英军为夺取阿纳姆损失了一万人。即便如此，诺曼底登陆后的三周内，盟军已经解放了法国的大部分土地和低地国家。在意大利，德军尽管打了几场漂亮的防御战，但还是在不断地向意大利北部撤退。

在东线，苏联军队已经粉碎了苏联境内的残余德军，正向着波兰、保加利亚和罗马尼亚胜利进军。在南斯拉夫，铁托元帅的游击队也正在从纳粹占领者手中解放贝尔格莱德。

那些远离直接的战争影响、不曾接触战事的德国人，现在也开始感受到希特勒带来的战争的灾难了。

← 阿尔伯特·施佩尔（右），希特勒的建筑师及德国军工装备部部长。他对德国的战争经济负有责任，由于奴隶般地使用劳工，被判20年徒刑。

→盟军空袭下惊魂未定的德国妇女。希特勒种下的恶果现在开始让德国人品尝了。

↑苏联的女狙击手。

从1942年开始，纳粹的建筑师阿尔伯特·施佩尔成为德国的军工装备部长。尽管由于盟军的轰炸使德国的基础设施受到了严重的损坏，但施佩尔还是通过重新配置资源和人力来增加德国的工业生产能力，其中包括使用大量的苦力。1944年，随着失败迹象日益明显，施佩尔变本加厉，他在德国实施"总体动员"，要求平民必须为战争出力。他命令所有50岁以下的妇女都要参加义务工作。她们要负责生产各种各样的战略物资，从坦克的零件到火炮。

学校也关闭了，孩子们或到农村去帮助收集粮食，或到兵工厂的生产线上做辅助工。年龄较大的孩子被征召进童子军，和多老年人一起组成没受过什么战斗训练、装备可笑落后的临时民兵，纳粹称之为人民武装。这是对抗盟军的最后防线。战争末期，盟军士兵惊讶地发现和他们战斗的"士兵"要么年轻得只有12岁，要么老得到了他们爷爷的年纪。

生活在城市里的平民现在第一次直接地体验到了战争的恐怖。1943年的卡萨布兰卡会议确定了英美空军联合行动，对德国境内的工业目标进行战略性轰炸，目标设定为："要将德国这个战争机器的工业生产中心，一个接一个地、系统地从地图上抹去"。

尽管战略轰炸取得了显著的成功，比如皇家空军第617中队就炸毁了鲁尔河上的默讷和埃德尔水坝。但盟军很快就明白，很多轰炸任务其实找不到目标。施佩尔早已机敏地把大批重要的工厂分解成了只需很少的人就能单独操作的工业生产组合，分散到遍布德国各处，所以一次或几次简单的轰炸不太可能明显削弱德国的工业生产。为了应付这一局面，空军元帅阿瑟·哈里斯的领导下的皇家空军轰炸机司令部，采取了"渗透式轰炸"的策略。此外，和袭击德国的交通线和工业

←战争末期，盟军士兵惊讶地发现和他们战斗的"士兵"要么年轻得只有12岁，要么老得到了他们爷爷的年纪。

→欧洲最美的城市之一——德累斯顿在盟军轰炸中变得一片瓦砾。城中的大火烧了几天几夜。

→轰炸德累斯顿是第二次世界大战期间最有争议的军事行动之一。城里街道上堆积如山的德国人的尸体。

皇家空军的兰开斯特和哈里法克斯式轰炸机携带着燃烧弹、高爆杀伤炸弹和巨型的4000磅重的炸弹，开始在夜间飞临德国的大城市上空执行轰炸任务。轰炸的威力是巨大的。1943年7月，在持续四晚的轰炸里，汉堡发生大爆炸并燃起大火，造成3万多人死亡。到大火熄灭时，这个城市的80%都被毁掉了。在对科隆、柏林以及在鲁尔山谷工业区的小镇进行的轰炸中也使用了燃烧弹，每一次轰炸都会造成上千平民死亡。一系列的战略轰炸随着对德累斯顿的毁灭而达到高潮。1945年2月14日，这个美丽的历史名城遭到了盟军的空袭，至少3.5万人被炸死。目击者说，轰炸过后，这个城市看起来就像月球的表面一样，惨不忍睹。

如果战略轰炸行动的意图是要促使德国人民屈服，那么它就是失败的。像闪电战期间的伦敦人一样，普通的德国人只是更好地珍爱生命，尽力躲避那雨点般落向他们的炸弹，反抗死亡的威胁。

到战争结束，大约有50万德国平民人死于盟军的轰炸，包括10万名儿童。这一战略的道德评价问题成了英国最高统帅部争论的热门话题，甚至还一度提交到国会讨论，因为继续以如此大的规模故意地轰炸平民有着"道德上的危险"。这样一种看法并没有得到大多数人的赞同，不过，在参议院里，当索尔斯伯里侯爵被人提醒说纳粹

设施同时进行，皇家空军也开始把大规模轰炸的目标对准较大的城镇，这样就带来了大量的平民伤亡。这么做当然是希望能借此有效地打击德国人的士气，同时还要表明皇家空军的轰炸不会无功而返。

空军是战略轰炸的先驱时，他回答说："当然，是德国人开始这么做的，但我们不应该把魔鬼当作我们的榜样。"

在战略轰炸进行的同时，甚至魔鬼也并没有表现出来已经到了黔驴技穷的地步。德国开始以它自己新的轰炸来回击英国了。在遭受了长期的物资短缺之苦以后，希特勒绝望地要求他的科学家们研制新的更经济、更省钱、更节约资源的"奇迹般的武器"，想以此改变战局。优秀的年轻工程师维纳·冯·布劳恩领导的综合科研小组，在德国的波罗的海沿岸的佩讷明德与外界隔绝地进行研究，终于率先研制出V-1火箭。这是一种新式的无人驾驶飞行器，它的控制装置极其细微，同时也有着强大的发动机推力，仅其弹头就有一吨重。而V字代表了报复。

1944年6月13日，上千枚这种无人驾驶的"嗡嗡弹"、"飞弹"、"狮蚁弹"，带着吓人的怪叫，漫无目标地飞向伦敦和英国南部进行轰炸。而9月8日，V-1的升级版，V-2巨型远程火箭也投入使用。新制造的V-2使用固体燃料推进，采用微内核技术，性能更高。V-1那种粗糙的、锉磨般的声音令人毛骨悚然，过耳难忘。而V-2武器采用了太空火箭技术，从高高的几十英里高的天际飞过然后从蓝天上垂直落下，击中地面目标，破坏力巨大。这些武器共造成了9000名英国平民被炸死。

战后，冯·布劳恩由美军情报人员从德国带到美国，为美国从事空间技术的研究工作。

除了V形火箭外，德国还发明了新的M163喷气式战机，它以火箭技术作动力，时速高达596英里，从而给盟军造成了不小的麻烦。但是在1944年整年，德国都弥漫着不断增加的恐慌情绪，盟军正从四面八方进攻德国。而在德国，也早就实行了食品和其他生活用品供应的配给制度，人们的生活条件日益恶化。战争吞噬了一切可用的资源，结果到处都出现了黑市。对很多曾对希特勒显示出绝对忠心的德国人来说，德国发生的一切似乎都与跟他们承诺的事相冲突。在这样的环境下，反叛是自然而然的事。因此经常有人问道，为什么德国人民没有起义推翻掉希特勒，就像意大利人对墨索里尼

↑盟军空袭科隆后，横尸街头的德国男子、妇女和孩子。

←在科隆的一个墓地里，人们在悼念死于空袭中的亲人。希特勒很快用他的V形火箭对英国公众进行了报复。

→图波列夫SB-2型轰炸机。

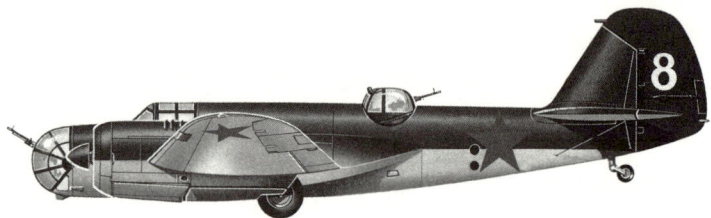

↑诺沃特尼突击队整装待发，这可能是1944年9月下旬在阿赫默（Achmer）的情景。"白色19号"和"白色4号"同时在役，前面的"绿色3号"正被一辆半履带摩托机动车拖向跑道。奥地利出生的沃尔特·诺沃特尼少校，已经是一名苏联前线战场的专家，被阿道夫·加兰德（Adolf Galland）提拔为新突击队的领导，他于1944年9月20日接管了这一工作。诺沃特尼突击队的第一个作战架次发生在10月7日，当时，两支强大的喷气战斗机部队奉命去拦截一队轰炸机（当时，这些轰炸机完成对德国境内的石油目标偷袭后正要返航）。从阿赫默起飞后，两名飞行员——弗兰兹·绍尔（Franz Schall）和他的僚机飞行员赫尔穆特·雷纳茨（Helmut Lennartz），每人都声称击落了一架B-24D"解放者"轰炸机。

所做的那样。但是这样说说远比实际去做要容易得多。

事实上，第三帝国内部确实有一个抵抗运动，但是行动的机会太少了。在第三帝国的最后一年里，随着不满情绪的蔓延，党卫军和秘密警察，即便是臭名昭著的盖世太保，反对"国家的敌人"的行动迅速增多。纳粹政权为保护自己而把枪口对准自己的人民，他们监视人民，用集中营、夜间抓捕和当众处决"卖国贼"等手段来对付人民。

在德军内部，自1943年斯大林格勒失败以后，反对希特勒的情绪就开始高涨。人们越来越清楚，纳粹的战争机器并不是天下无敌。在D日之后，德国战区一级的司令官们，例如隆美尔就公开批评希特勒的政策。但在1944年7月20日，谋杀希特勒的最后一次行动失败后，反对希特勒的行动再没有大的机会了。那一天，克劳斯·申克上校、冯·施陶芬贝格伯爵带着装有定时炸弹的公文包，到希特勒在东普鲁士的拉斯腾堡的大本营，把公文包放在作战室的大木桌下面。伯爵是一个受人尊敬的军人，他在1943年失去了一只眼睛、右手和前臂，以及左手的第三、第四个手指头。他当时在北非，正坐在汽车里，遭到了盟军飞机的袭击。当希特勒和很多将军们正在房里讨论战争时，爆炸发生了。厚重的桌子救了希特勒，他仅仅受了点儿轻伤，但是他的精神似乎受

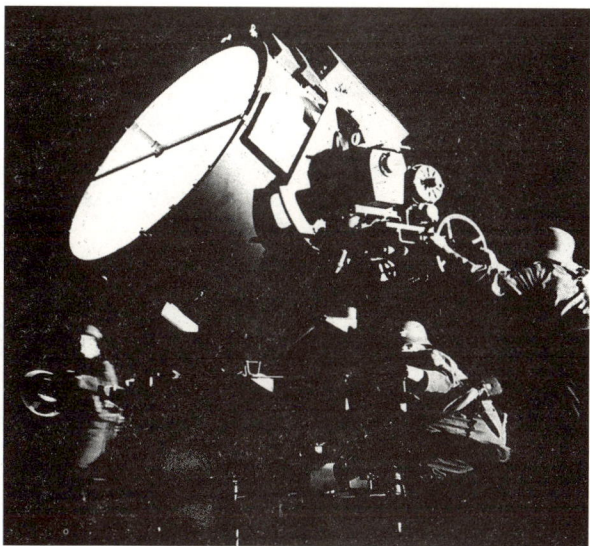

←盟军空袭给德军乃至德国人民都造成了巨大的伤亡。原本作为打击敌人士气的战略轰炸，反而激发起了第三帝国的反抗意志。图为正为防空炮火和夜间战斗机指示目标的德军大功率探照灯。

←克劳斯·申克上校(远右)在暗杀行动失败前等着向希特勒问候。

→世界上最早的弹道导弹V-2型火箭从欧洲北部发射升空。在1944年9月至1945年3月期间，共有517枚V-2型火箭袭击伦敦，炸死了2700人。

→在宣传动员活动期间第三帝国的宣传部长约瑟夫·戈培尔博士接见柏林市民。尽管他是一个冷酷且神经质的人，却是极出色的演说家和宣传鼓动员，德国人通过功率强大的电台收听他狂热的演说，精神会如受电击般震动。

到了重大伤害，他深陷多疑、惶惑不安和妄想症及受虐狂的恐惧之中，从此再没有恢复过来。冯·施陶芬贝格随后被枪决。他的同谋犯们，那些意识到德国在灾难中的高级军官们的命运也一样。随着他们被处死，在德军高级军官里开展了残酷的清洗行动，上千名军官，不管他们与谋杀者的关系多么邈远，也都被审判并被指控阴谋推翻希特勒而处决。希特勒最优秀的司令官之一——陆军元帅隆美尔跟这些阴谋没有什么关系，但是也被逼自杀，因为他建议过希特勒应该下台。而希特勒常常以观看谋杀者被吊在肉钩子上的影片而解恨泄愤。

德国人民因为害怕敌人也没有在困境中要求投降。他们一贯被纳粹宣传教导说，苏联人是低劣的野蛮人，现在又听说，从东线攻来的红军烧杀抢掠，无恶不作。希特勒的宣传部长约瑟夫·戈培尔把这种恐惧刺激到歇斯底里的程度，他进行了大量的电台广播，并说盟军的要求是要德国"无条件"投降。

戈培尔告诉德国

盟军前线

地图图例：

北海

埃姆登
格罗宁根
阿姆斯特丹
荷兰
奥斯纳布吕克
明斯特
比利时
科隆
卢森堡
法兰克福
美因茨
萨尔布吕肯 曼海姆
法国
斯特拉斯堡
图宾根
弗赖堡
瑞士

吕贝克
汉堡
汉诺威
不伦瑞克 马格德堡
布兰肯堡 德绍
卡塞尔
莱比锡
柏林
德莱斯顿
霍夫
巴姆堡
捷克斯洛伐克
比尔森
纽伦堡
捷克布杰约维采
斯图加特
雷根斯堡
兰茨胡特 林茨
兰茨堡 慕尼黑
罗森海姆 萨尔茨堡
奥地利
意大利

0   英里   120
0   公里   200

图例：
→ 美军进攻方向
→ 英军进攻方向
→ 法军进攻方向
⬭ 德军被围地点
▢ 1945年3月28日盟军占领区
▢ 1945年4月16日苏军占领区

人民，"无条件"就意味着德国将要消失。斯大林要把德国的全部工业和财富掠夺走，要把德国变成"荒原"，敌人要把所有的德国人"往死里打"。

这样的话不断地在德国人民的耳边回响着，因此，就一点儿也不奇怪的是当盟军越接近胜利之时，德国人越疯狂地用拼死抵抗来保卫自己。

大多数德国人仍指望着他们的元首，可惜他们的元首现在却靠药物来支撑自己了。在拉斯腾堡的"狼穴"里，希特勒处于一种半麻醉和癫狂的与世隔绝的状态之中，不过他仍控制着他的国家和人民。1944年12月在西线战况极为糟糕的时候，希特勒甚至还组织了一次大规模的大胆的反攻。

"最终解决"之战

希特勒在阿登森林地区集结了25万人和1000辆坦克以后，几天之内横扫在比利时的美军，并企图进抵安特卫普港口并切断盟军的战线。他们的进攻最远到达巴斯托涅，但随后就受到了美军英勇的反击，德军缺少燃油和补给，终于难以有所作为。这是希特勒最后的绝望第一次世界大战，也就是希特勒所谓的"最终解决"方案，这次失败使德军损失了10万人。

1945年年初，盟国对德军残余力量的围堵越

→下午6时25分，由海军大将汉斯·冯·弗里德堡和伦贝格·赫斯签署了驻荷兰、丹麦和德国西北部的德军的投降书，图为陆军元帅伯纳德·蒙哥马利出席签字仪式。

→希特勒遇暗杀的消息迅速传到盟国，证明了纳粹德国正在崩溃。

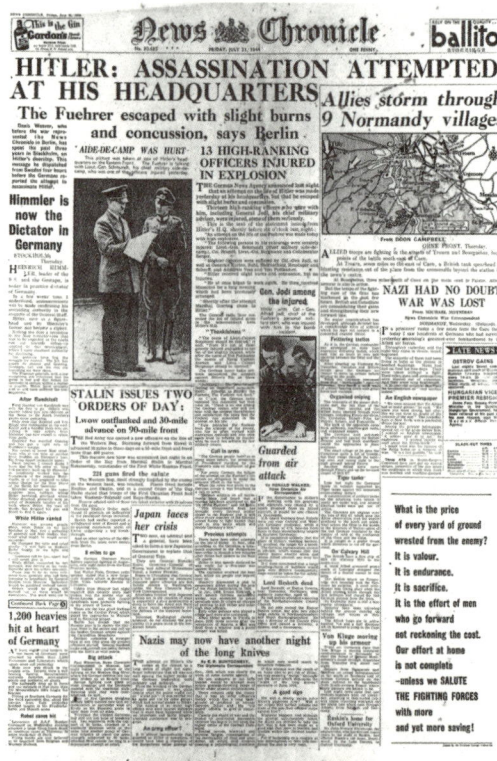

来越紧，希特勒回到柏林，住在帝国总理府的地下掩体里。阿登战役把盟军阻止在西线长达六周之久，但这也就是德军全部能做的事了。赫尔曼·戈林注意到，自1942年以来希特勒似乎一下子老了15岁。

希特勒最后一次发表对德国人民的讲演是在1月30日，那天也正好是他担任德国总理12年的纪念日，这可真有讽刺性。他在演讲中敦促德国人民要同逼近的苏联"游牧部落"战斗到底，他提醒他们说上帝跟他们一起。随后他命令施佩尔要开始实行"焦土"政策，把德国毁掉以"惩罚"那些"背叛"了他的人们。施佩尔最终意识到，希特勒已不再关心德国人民会遇到什么情况了，他假装遵守命令，但是实际上什么也没有做。

现在，红军在东线展开全面进攻。捷克斯洛伐克、匈牙利和奥地利都被解放，到1945年2月初，红军进抵距柏林不到40英里的地区。在德国各地，大规模的逃难堵塞了道路，人们争先恐后以求尽快躲过苏军的进攻，他们用大车小车、马匹以及肩挑手扛，带着能带的各类财产往西逃难。那些选择留下或没能及时逃跑的人，将要面对落入苏联士兵之手那不可知的命运。

1945年2月4日，三巨头——丘吉尔、健康状况不佳的罗斯福和约瑟夫·斯大林在雅尔塔召开会议，共同划分欧洲的版图。三巨头协议，除奥地利外，苏联将要"管理"所有它的军队现在占领

苏军攻克柏林

横扫了半个欧洲的苏联红军，进抵柏林和守军展开了巷战，就像他们在斯大林格勒所做的一样，一个街道一个街道地争夺。苏军现在面对的60万德军，相当一部分是老人和童子军。在第三帝国的最后几周时间里，柏林防守一片混乱。一个苏联军官抓获了一个德国接线总机的接线员，他让接线员接通了帝国宣传部长戈培尔博士。他问柏林可望坚持多久时，戈培尔回答说这个城市能防守几个月。当这个军官又问戈培尔如何计划逃跑时，他得到的回答是无可奉告。经过几分钟彬彬有礼的谈话后，戈培尔挂上了电话。戈培尔没能逃跑。1945年4月30日，他和妻子玛格达毒死了他们的六个孩子然后自杀身亡。

↑ 成为废墟的柏林街道。

5月3日，一个德国高级官员组成的代表团跟蒙哥马利将军会面，他们希望让柏林的军队向英军而不是向红军投降，这样他们可以得到更多的宽恕。他们说很多苏军士兵已经开始为德国人在苏联的残暴行径进行报复了。不过，蒙哥马利没有同意这一要求，因为盟国之间已经达成协议，即由苏军攻占柏林。三天后，另一个代表团提出了相同的要求，不过这一次是跟美军提出的，但再次被拒绝。

的国家。英美两国疑虑重重，但还是同意由苏军攻占柏林。这得到了艾森豪威尔的协助，艾森豪威尔拒绝了直接进军德国首都的建议，而是让盟军从法国沿着宽阔的战线向德国推进。

1945年3月7日，8000名盟军士兵率先突破了德军的西线，夺取了雷马根附近的鲁登道夫大桥进而突破莱茵河，进军东岸，一支撤退的德军没有能够阻挡住他们。这个德国最大的天然防线被攻破了。

希特勒从意大利战场上召回陆军元帅凯塞

←自从刺杀事件之后，希特勒就很少在公众面前露面。随着战争溃败，希特勒精神也开始走向崩溃。希姆莱曾经说，希特勒在进入1945年后好像老了15岁。

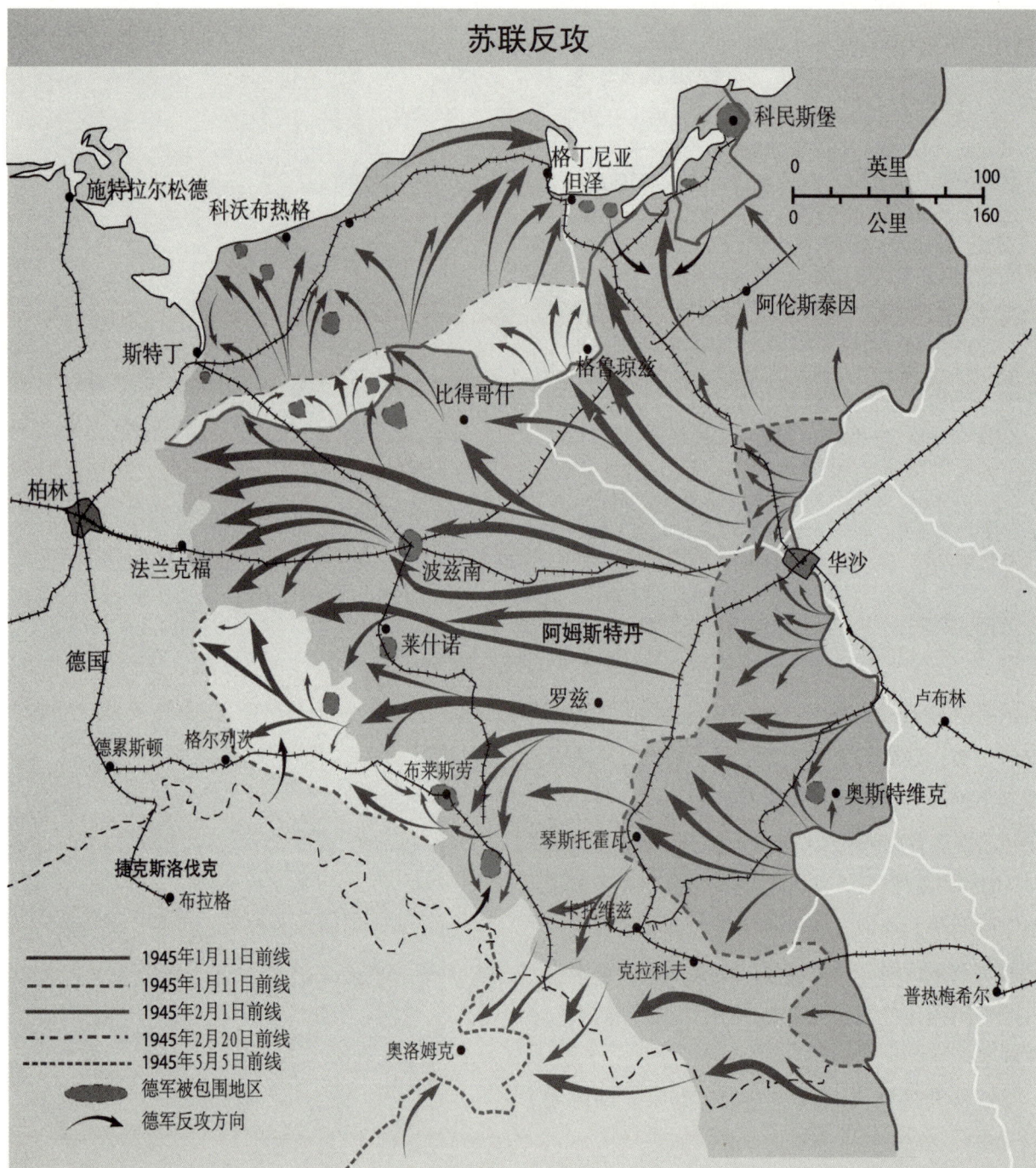

苏联反攻

科民斯堡

施特拉尔松德
科沃布热格
格丁尼亚
但泽

0 英里 100

阿伦斯泰因

0 公里 160

斯特丁

格鲁琼兹

比得哥什

柏林

波兹南

华沙

法兰克福

阿姆斯特丹

莱什诺

德国

卢布林

罗兹

德累斯顿
格尔列茨

奥斯特维克

布莱斯劳

琴斯托霍瓦

捷克斯洛伐克
布拉格

卡托维兹

克拉科夫

普热梅希尔

奥洛姆克

——————	1945年1月11日前线
- - - - -	1945年1月11日前线
——————	1945年2月1日前线
- - - - -	1945年2月20日前线
- - - - -	1945年5月5日前线
⬤	德军被包围地区
➤	德军反攻方向

→一名德军士兵在柯尼斯堡要塞的外围阵地准备伏击经过的苏军坦克。此时第三帝国气数已尽，但这些士兵仍然在绝望地抵抗。

↓战争结束后第三帝国的军队随着帝国一起毁灭了。

林，来指挥德军的防御。他向士兵和军官介绍自己时说："先生们，我是新式的V-3型武器。"但他不能阻挡盟军部队横跨莱茵河。在鲁尔被美军第1和第9集团军攻克时，德国的B集团军群几乎50万人向美军投降。在同一时间，在瓦西里·崔可夫将军指挥的苏联第8集团军，从斯大林格勒一路杀到柏林，他们的火箭炮已经能够直接打击柏林市区了。

1945年4月21日，苏军坦克部队率先冲进柏

动力装置

Me 163B飞机的动力装置是一台单独的赫尔穆特·沃尔特（Hellmuth Walter）汽车厂制造的R II-211火箭发动机，该机携带的燃料可在全推力状态下维持6分钟。衍生自1935年冯·布劳恩（Von Braun）的650磅（2.89千牛）的A-1火箭发动机的该发动机，与基于沃尔特的TP-1和TP-2 "冷" 火箭发动机关系密切，该 "冷" 火箭发动机使用的是过氧化氢（T形火箭推进剂），并使用了钠或钙的高锰酸盐（Z形火箭推进剂）水溶液作为催化剂。实质上，该发动机包括了一台用压缩空气喷洒两种燃料进去的蒸汽发生器。该蒸汽发生器驱动了一台涡轮，该涡轮驱动一个泵把T形火箭推进剂输送到燃烧室。TP-2发动机被重新命名为HWK R I-203，并逐步发展到R II-203，其生产型又被重新命名为HWK 509A，并作为早期Me 163原型机的动力装置。作为使用30%的水合肼溶液、57%的甲醇、13%的水、17%的铜氨氰（C形火箭推进剂）替代品的Z形火箭推进剂，导致了一种具有更大推力和更高可靠性的 "热" 火箭发动机的出现，这种发动机不会产生白色的水蒸气尾迹。在每次飞行前，系统必须被排空并用大量的水小心冲洗。该发动机由使用后机身顶部油箱中的T形火箭推进剂的一台独立的起动机进行起动，而用一台电动马达起动涡轮泵。油箱被加压，一旦输送到涡轮泵，液体在高压下就以每秒17.64磅（8千克）的速率被供应，并在燃烧室自发地燃烧。海平面的推力大约是3307磅（14.71千牛），在高空减少大气压力的情况下，推力提高到3748磅（16.61千牛）。509A型火箭发动机可以降低到220磅（0.98千牛）的慢车功率状态，但是在这个推力级效率很低，经常会完全停止。整个后机身和发动机可以很容易地分离。虽然超过7英尺（2.13米）长，重达220磅（100千克）多一点，但是与后来的装置相比，509A型火箭发动机是一个了不起的成就。

↓ 雅克-1型战斗机。

↓ Me 163A型战斗机。

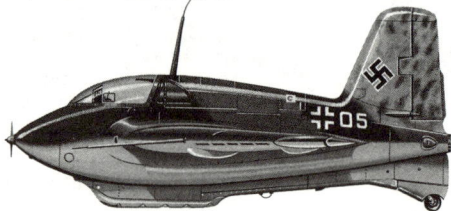

林。那时，大部分居民都生活在地下室里以躲避持续不断的炮击和轰炸，他们既害怕苏联人也害怕坚持巡逻的党卫军部队，党卫军常常因怀疑有人 "逃跑" 而随意杀人。食物和水严重短缺，电力和油气供应被切断或摧毁。近50万苏军包围了这个城市。而此时，在帝国总理府里德瓦砾和废

↑1945年春，一辆德军半履带式装甲车眼睁睁地看着苏军陆续渡过奥得河。在苏军飞机的威胁之下，它不得不躲进当时还是光秃秃的丛林中。

墟下面顽抗的希特勒仍旧沉浸在莫名的幻觉之中。在他死前的最后一周，他还相信德国有可能获胜。4月12日罗斯福总统的猝然去世，使他相信"改变战争命运"的最后时刻来到了。

希特勒对他的部队说，在东线"正有数不清的新的部队补充我们的损失"，事实上根本没有什么新的部队。当红军在创伤累累的柏林街头前进时，德军士兵却成千上万地开小差。而当希特勒听到党卫军的头子海因里希·希姆莱也准备投降的消息时，他大大地被激怒，他对还留在他的地下掩体里的人说："现在什么也不要留下！我什么都不宽恕！没有痛苦、没有背叛可以加到我的头上！"

←在奥地利边境，德国士兵们向美军第7和第24军投降。他们竟然大部分还是孩子。

最终，4月29日，在跟他的情妇爱娃·布劳恩结婚，并指定邓尼茨将军做他的继承人之后，希特勒开枪自杀，他的妻子也服毒自杀。随后，他们的尸体在总理府的花园里被烧掉了。一周以后，5月7日，德国正式投降。

25万柏林人在城市被围期间死去，800万德国人流离失所。

作为纳粹挑起的罪恶的战争的结果，欧洲共有3000万人死亡，600万犹太人被迫捕、被残杀、被饿死、被折磨，他们死前没能看见光明世界的到来。

↓柏林战役的最后阶段，帝国宣传部长戈培尔正在表彰极为年轻的士兵。戈培尔是希特勒的忠实信徒，战败后全家随希特勒自杀。

首支部队

1943年初期，一支特殊的Me 163B试飞中队在卡尔·哈根（Karlshagen）被组建，队长是沃尔夫冈·晚。但是当这支部队的工作还处在早期阶段时，佩内明德（Peenemunde）被英国皇家空军偷袭，该部队转移到了班德·下萨克森邦（Bad ZwiscHenahn）。第二年，这里成了大多数Me 163"彗星"飞机的试飞中心，直到1943年12月，盟军的高空侦察照相飞机在这里拍摄到了"彗星"飞机，盟军才知道了该飞机。到此时，盟军进行的各种突袭已经使该计划一拖再拖。1943年8月17日，雷根斯堡（Regensburg）的梅塞施密特工厂受到B-17轰炸机的重点轰炸，很多批次的预生产型飞机被毁。但是无论如何，主要机型的生产在克列姆技术公司（Klemm Technik）的组织下被分散到了整个德国，在一个秘密的黑森林（Schwarzwald）中心完成了最后组装，然后，在警卫的保护下用铁路运输到了莱西费德（Lechfeld）的试飞基地。

这个巨大的生产计划受到很多问题的困扰。该机抵达莱西费德后，直到1944年2月才开始试飞。拦截机的生产型型号被指定为Me 163B-1a，虽然在许多方面看，该机似乎很粗糙，但是作为较早期改型机长期经验的积累，这实际上是一种很精致的飞机。新飞机的首次作战飞行发生在1944年5月14日，当时斯贝特驾驶着使用红色涂装的V41飞机参与了空战。

→拉-5型战斗机。

美军空中力量的损失

1942年夏天，驻扎在英国空军基地的美军轰炸机开始执行轰炸德国的任务。那时皇家空军集中了全部力量在夜间进行轰炸，美军第8飞行大队的巨型B-17轰炸机，参与了联合轰炸计划的一部分。他们把行动时间定在白天，这就意味着美国空军的飞行员们能够轰炸那些夜间看不到的特殊的军事目标和工业设施，当然这也使他们失去了夜幕的保护，从而大大增加了损失。1943年8月，美军轰炸了德国施韦因福特的兵工厂，当美军轰炸机飞到那里时，德军没有战斗机掩护，使得美军轰炸机轻易炸毁了地面上的德军空军的飞机和防空设施，尽管德国人有重型防空火力，但仍然损失惨重。B-17执行了229架次任务，其中有36架飞机被击落，损耗率超过近15%。

↑在离柏林只有18英里的上空，一架梅塞斯密特飞机上的炮火打掉了这架B-17轰炸机的机翼。

↓被炸得满目疮痍的德国柏林街道上，两位老人默默地哭泣。

↓德国议会大厦门前的88高炮。象征的第三帝国的议会大厦被攻陷，而这门88高炮，象征着第三帝国的士兵为他们的荣誉战斗到了最后一刻。

↓雅克Pe-2FT型轰炸机。